Michael Dieterich (Hrsg.)
Wenn der Glaube krank macht

Michael Dieterich (Hrsg.)

Wenn der Glaube krank macht

Psychische Störungen und religiöse Ursachen

R. Brockhaus Taschenbuch Bd. 468

2. Auflage 1992

© 1991 R. Brockhaus Verlag Wuppertal und Zürich
Umschlaggestaltung: Carsten Buschke, Solingen
Umschlagbild: Garry Gay, THE IMAGE BANK, Hamburg
Gesamtherstellung: Breklumer Druckerei Manfred Siegel KG
ISBN 3-417-20468-2

INHALT

Vorwort des Herausgebers 9

I. Biblische und praktisch-theologische Aspekte
(Claus-Dieter Stoll)

1. Krankmachender Glaube? 15
2. Zusammenhang zwischen religiösem Glauben
   und psychischer Gesundheit 18
   Unterschiedliche Formen der Religiosität 18
   Extrinsische und intrinsische Religiosität 18
   Depressionen und extrinsische Religiosität . . . 20
   Untersuchungsergebnisse nicht verallgemeinern 20
   Gottesbild und religiöse Einstellungen 22
   Ist eine Änderung der Einstellungen möglich? . 23
3. Intrinsischer Glaube ist biblisch angemessener . 24
   Biblische Grundlinien für Glauben und Seelsorge
   24
   Kann man die Bibel neu verstehen lernen? . . 29
   Die Bibel kennt extrinsischen und intrinsischen
   Glauben 33
4. Literaturangaben 44

II. Ein Beitrag aus psychoanalytischer Sicht
(Heinrich von Knorre)

1. Was heißt »seelisch gesunder Glaube«? 46
2. Was sind eigentlich »ekklesiogene Neurosen«? . 47
3. Häufige Symptome und einige psychodynami-
   sche Mechanismen 50
   Verlagerung und Verschiebung 50
   Religiöse Erlebnisse 51
   Infantilismus 52
   Ideologisierung des Glaubens 53
   Sexualität 54
4. Therapeutische Gesichtspunkte 55
5. Literaturangaben 56

III. *Frühe Kindheitserfahrungen und mögliche Folgen für das Glaubensleben* (Michael Dieterich)

1. Zur Bedeutsamkeit der »ekklesiogenen Neurosen« 57
2. Hintergründe für psychische Störungen bei Christen – ein ganzheitliches Konzept 60
   Psychische Störungen auf biologisch-somatischem Hintergrund 61
   Psychische Störungen auf dem Hintergrund von Lernprozessen 62
   Psychische Störungen auf geistlichem Hintergrund 63
3. Zur Entwicklung des Religiösen 65
   Religiöse Entwicklung als Änderung von Wertehaltungen 65
   Religiöse Entwicklung und persönliche Glaubensentscheidung 65
   Entwicklungsschritte 67
4. Mögliche Zusammenhänge zwischen früher Kindheit und dem heutigen Glaubensleben .. 71
   Das Lebensstilkonzept 72
   Erlernte Hilflosigkeit und externe bzw. interne Kontrollierung 75
   Dichotomes Denken 77
5. Störungen bei der Entwicklung des Glaubenslebens im einzelnen 78
   Angst vor Gott leitet die Erziehung 78
   Lebensstile 79
   Ehrlichkeit und Transparenz 81
   Erlernte Hilflosigkeit und externe Kontrollüberzeugung 82
6. Ziele 83
7. Literaturangaben 86

IV. Erziehung und Erziehungsfehler in gläubigen Elternhäusern (Hilde L. Dieterich)

1. Die erzieherische Haltung ist entscheidend . . 87
2. Fallbeispiel Depression 87
3. Fallbeispiel Zwanghaftigkeit 90
4. Fallbeispiel Gettosituation 91
5. Fallbeispiel Selbstwertprobleme 92
6. Fallbeispiel Angst 93
7. Fallbeispiel Zweifel 95

V. Zusammenfassung und praktische Hilfestellungen (Michael Dieterich)

1. Gemeinsamkeiten 97
2. Praktische Konsequenzen für die Erziehung . . 98
   Erzieher sollten sich selbst besser kennen und annehmen 98
   Das »Igel«-Prinzip 100
   I – Intensiv 101
   G – Ganzheitlich 102
   E – Echt 103
   L – Liebevoll 105

Glossar 107

VORWORT des Herausgebers

Unter einem provozierenden Thema stand das 1990 in Gunzenhausen durchgeführte Symposium: »Frömmigkeit und seelische Erkrankung«.

Sollte man Frömmigkeit und Krankheit tatsächlich in einem Atemzug nennen können? Mit dieser Frage beschäftigten sich die Referenten im Rahmen der Tagung. Ärzte und Psychotherapeuten, Theologen und Seelsorger waren zusammengekommen, um darüber nachzudenken, ob eine irgendwie falsch verstandene Frömmigkeit – in welcher Form auch immer – tatsächlich zu Krankheiten führen kann. Den Referenten, die durchweg aus dem evangelikalen oder pietistischen Raum kommen, geht es nicht um »Nestbeschmutzung«, sondern darum, transparent und offen über ein Thema zu sprechen, das bisher in unseren Kreisen nicht angemessen beachtet worden ist; sie wollen damit unseren Gemeinden einen Dienst tun.

Die Themen der Referate waren relativ breit gestreut, so daß es wenig sinnvoll erschien, sie alle auf ein Thema hin zu konzentrieren. Ein gewisser Schwerpunkt ergab sich, wo die Akzente auf die Zusammenhänge zwischen einer Kindheit im gläubigen Elternhaus mit seinem besonderen Erziehungsstil und den möglichen Konsequenzen für die Gegenwart gesetzt wurden. Diese Beiträge sind hier in überarbeiteter Form zusammengefaßt.

Der Theologe Claus-Dieter Stoll stellt die theologischen Zusammenhänge im Umfeld der »ekklesiogenen Neurosen« vor. Dabei geht er zuerst auf empirisch erhobene Ergebnisse zur Art und Weise des Glaubens von Christen ein. Tatsächlich haben die im Jahre 1987 gefundenen Daten der Psychologin Anette Dörr die schon von Allport beschriebenen Formen der Religiosität bestätigt: Man kann (in einer relativ groben Einteilung) von einem eher extrinsischen, d.h. von außen her gesteuerten, und einem intrinsischen, d.h. von innen her geprägten Glauben sprechen.

Depressive Menschen zeigen eher die intrinsische Form der Religiosität. Jedoch dürfen die Untersuchungsergebnisse – darauf weist C.-D. Stoll deutlich hin – nicht vorschnell verallgemeinert werden; vor allen Dingen ist eine Änderung prinzipiell möglich. Er zeigt, daß von der Heiligen Schrift her ein intrinsischer Glaube angemessener ist, obwohl man auch den extrinsischen dort finden kann. Weiter zeigt C.-D. Stoll die Grundlinien für Glauben und Seelsorge auf und weist damit auch einen praktischen Weg, um die Bibel in dieser Hinsicht neu verstehen zu lernen.

Der Mediziner und Psychoanalytiker Heinrich von Knorre geht auf Frömmigkeit und seelische Erkrankungen unter tiefenpsychologischem Blickwinkel ein. Wie C.-D. Stoll beschäftigt auch er sich zunächst mit den unterschiedlichen Formen des Glaubens bzw. dem »seelisch gesunden Glauben«. Er übernimmt zwar den Terminus »ekklesiogene Neurosen«, schränkt diesen aber auf dem Hintergrund seiner Erfahrungen in der Klinik deutlich ein. Dann zeigt Heinrich von Knorre die psychodynamischen Mechanismen, die unter psychoanalytischem Blickwinkel zu seelischen Erkrankungen führen können. Verlagerung und Verschiebung, religiöse Erlebnisse, Infantilismus, Sexualität und die Ideologisierung des Glaubens sind Stichworte, die seinen Ausführungen zugrunde liegen. In allen Bereichen weist von Knorre die Zusammenhänge mit einem in der Regel betont einseitigen Verständnis der Heiligen Schrift nach. Auf therapeutische Gesichtspunkte geht er ebenso ein wie auf die Ängste, die insbesondere gläubige Menschen vor dem Psychotherapeuten haben, der ihnen womöglich »den Glauben nehmen will«.

Der dritte Beitrag beschäftigt sich mit frühen Kindheitserfahrungen und den möglichen Konsequenzen daraus für das Glaubensleben des Erwachsenen. Während Heinrich von Knorre einen psychoanalytischen Blickwinkel hat, sind die Ausführungen des Psychotherapeuten Michael Dieterich von der diagnostischen Seite her individualpsychologisch geprägt, mögliche Therapieansätze werden aus den kognitiven Therapien abgeleitet.

Eine kritische Betrachtung des Terminus »ekklesiogene Neurose« kommt zu dem Ergebnis, daß eine derartige Beschreibung seelisch kranker Menschen nicht akzeptabel sein kann.

Die beiden Worte enthalten sowohl eine syntaktische als auch semantische Unschärfe und sollten in dieser Kombination weiterhin nicht mehr verwendet werden.

Dieterich entwickelt unter ganzheitlichem Blickwinkel ein Modell der Diagnose psychischer Störungen bei Christen und zeigt, daß die somatisch/körperlichen, die durch Lernen und Sozialisation bedingten und die auf geistlich-transzendentem Hintergrund erfahrenen Erlebnisse für eine korrekte Diagnose jeweils getrennt, aber aufeinander bezogen, betrachtet werden müssen. Eine vorschnelle Vermischung führt zu Fehlinterpretationen. Diese Sichtweise läßt erkennen, daß es zahlreiche psychische Störungen gibt, die durchaus »innerweltlich«, also medizinisch und psychologisch angegangen werden müssen und nicht vorschnell als »grundsätzlich geistliches Problem« gesehen werden dürfen.

Ein Abschnitt zur »Entwicklung des Religiösen« macht deutlich, daß man die religiöse Entwicklung in einer Außenschau als »Änderung von Wertehaltungen«, in einer tiefer greifenden Innenschau aber als Entwicklung zur persönlichen Glaubensentscheidung sehen muß.

Anschließend wird auf den möglichen Zusammenhang zwischen den Erfahrungen in der Kindheit und dem heutigen Glaubensleben eingegangen und dabei das aus der Individualpsychologie bekannte Konzept des Lebensstils beschrieben. In der Regel sind es nicht einmalige Erlebnisse, die als Ursache für Störungen im Glaubensleben in Frage kommen; vielmehr ist es ein länger andauernder Erziehungsstil, der – und hier werden die Befunde von C.-D. Stoll aufgenommen – zur »erlernten Hilflosigkeit«, zur »externen Kontrollüberzeugung« oder zum zweipoligen (dichotomen) Denken führen kann. Auf dem Hintergrund derartiger Zusammenhänge werden einige Störungen im Glaubensleben vorgestellt und Ziele für eine qualifizierte weitere Vorgehensweise angegeben.

Der Beitrag der Psychotherapeutin Hilde L. Dieterich ist durch ihre langjährigen Erfahrungen mit depressiven gläubigen Frauen in Einzel- und Gruppengesprächen geprägt. Sie geht sehr praxisnah auf die möglichen Erziehungsfehler in christlichen Elternhäusern ein.

Hilde L. Dieterich macht gleich zu Beginn ihrer Ausführungen deutlich, daß es nach ihren Erfahrungen nicht einzeln belegbare Fehlleistungen der Eltern oder Erzieher sind, die zu nachweisbaren Fehlentwicklungen führen. Eher ist eine gesamte »Haltung« oder ein entsprechendes »Milieu« sowohl für positives als auch negatives Verhalten maßgebend. Sie belegt diese Erfahrung anhand von sieben Fallbeispielen. Im einzelnen geht es bei diesen Seelsorgefällen um Depressionen, Zwanghaftigkeiten, um die Ghettosituation christlicher Kinder, um Selbstwertprobleme, Ängste und Zweifel. Bei allen Beispielen wird deutlich erkennbar, daß es überwiegend eine bestimmte Denkstruktur der Erzieher (z.B. im Sinne einer Engführung durch ausgeprägtes Schwarz-Weiß-Denken) war, die zu den entsprechenden seelischen Störungen geführt hat.

Das abschließende Kapitel von Michael Dieterich wendet sich besonders an Eltern, Erzieher, Pastoren usw. und versucht, praktische Konsequenzen aus den Beiträgen des Symposiums zu ziehen. Diese Gedanken, die erst nach dem Symposium entwickelt wurden, versuchen, eine Leitlinie für die Zukunft zu beschreiben, auch im Sinne einer Prophylaxe für ein gesundes Glaubensleben.

C.-D. Stoll hat in seinem Beitrag auf die theologischen Grundlagen hingewiesen, deshalb wird in diesem Kapitel der eher pädagogisch-psychologische Aspekt beleuchtet. Zwei wichtige »Arbeitsgebiete« für die Zukunft werden vorgestellt: Zum einen sollten die Erzieher sich selbst besser kennen und annehmen lernen, und zum anderen sind

12

pädagogische Prinzipien vonnöten, die eine echte Begegnung ermöglichen. Zum letztgenannten Aspekt wird das »Igel«-Prinzip beschrieben, das mit den Anfangsbuchstaben des Wortes »Igel« ausdrückt, daß die Erziehung intensiv, ganzheitlich, echt und liebevoll sein sollte.

Ich bin mir darüber im klaren, daß die hier zusammengetragenen Ergebnisse nur einen vorläufigen Abschluß der Diskussion darstellen können. »Frömmigkeit und seelische Erkrankung« ist eine Herausforderung an unsere Gemeinden. Durch Familien- und Gemeindestrukturen bedingte seelische Krankheiten müßten nicht sein. Die Überschrift ist also gleichsam eine Herausforderung, an diesem Sachverhalt zu arbeiten.

Die nachfolgenden Zeilen sind nicht geschrieben worden, um gläubige Menschen zu diskriminieren, ihnen »einen Schlag zu versetzen«. Die Autoren sind überzeugte Christen und möchten durch ihre Ausführungen dienen und damit helfen, die Gemeinde Jesu Christi aufzubauen. Daß Dienen nicht immer nur »Ja-sagen« bedeuten kann, geht aus den Ausführungen deutlich hervor. Es hat wenig Sinn, wenn wir objektiv überprüfbare Sachverhalte »liebevoll zudecken«. Notwendig ist ein »liebevolles Aufdecken«; darum haben wir uns bemüht.

März 1991   Michael Dieterich

I. Biblische und praktisch-theologische Aspekte

Claus-Dieter Stoll

1. Krankmachender Glaube?

Psychische Erkrankungen sind in den letzten Jahren verstärkt zu beobachten. Dazu gehören insbesondere Depressionen. Auch unter Christen finden sich nicht wenige, die davon betroffen sind.

Nun scheinen seelsorgerliche Erfahrungswerte darauf hinzudeuten, daß insbesondere Christen aus evangelikal-pietistischen Kreisen mit einer ausgeprägten Frömmigkeit nicht selten intensiver seelsorgerlicher und auch medizinischer und psychotherapeutischer Hilfe bedürfen. Solche Beobachtungen haben zu der Annahme veranlaßt, daß es gerade die ausgeprägte Frömmigkeit sei, die psychische Erkrankungen fördere. Sigmund Freud, der Begründer der Psychoanalyse, verstand in diesem Zusammenhang Religion als eine »universelle Zwangsneurose«.

Im kirchlichen Raum ist nicht selten auch die Bezeichnung »ekklesiogene Neurose« zu hören. Dieser Begriff wurde von dem Frauenarzt E. Schaetzing geprägt (1955, S. 97-108). In seiner gynäkologischen Praxis hatte er beobachtet, daß Patientinnen, die unter Frigidität oder psychisch bedingten Schmerzen im Genitalbereich litten oder Geburtsschwierigkeiten hatten, meist auch eine stark ausgeprägte religiöse Einstellung aufwiesen. Für solchen »kirchlichen Dogmatismus« machte er die enge, gesetzliche und leibfeindliche, in seinen Augen unchristliche Erziehung in freikirchlichen und pietistischen Kreisen verantwortlich (Thomas, 1987). Solche Urteile mußten zwangsläufig auf Unverständnis und Ablehnung in bewußt christlichen Kreisen stoßen.

Andere namhafte Therapeuten wie etwa C. G. Jung oder V. Frankl beurteilen die Religiosität differenzierter und schreiben ihr eine stabilisierende Funktion zu. Durch die heute überall zu beobachtende, neu erwachte, wenn auch kirchlich nicht gebundene Religiosität hat sich die Lage insgesamt etwas verschoben. Auch manche Psychologen sind dadurch zum Umdenken veranlaßt.

An der eingangs erwähnten Beobachtung ändert sich durch eine veränderte Einschätzung der Religiosität jedoch wenig. Eigenartigerweise hat es bisher im deutschsprachigen Raum nur wenige Untersuchungen gegeben, die den möglichen Zusammenhang von Glaube und Krankheit unter die Lupe nehmen. Im amerikanischen Bereich dagegen findet sich eine ganze Reihe unterschiedlicher empirischer Untersuchungen, die wissenschaftlich vorgehen und damit mögliche Vorurteile ausschließen. Zumindest ansatzweise lassen sich die Ergebnisse auch auf die deutschen Verhältnisse übertragen.

Anfängliche Befunde im deutschen Raum stammen von G. Hole (1977) und H. Hark (1984). Sie konnten sich jedoch nur auf eine kleine Zahl untersuchter Personen stützen. Umfangreicher ist dagegen die 1987 vorgelegte Arbeit von Anette Dörr. Anhand einer ausgewählten Bevölkerungsgruppe im Raum Marburg-Alsfeld konnte sie deutliche Zusammenhänge zwischen Religiosität und Depression nachweisen. Ihre Beobachtungen, Rückschlüsse und Ergebnisse sind es wert, stärker berücksichtigt zu werden.

Eigenartigerweise haben sich die Theologen damit noch nicht näher befaßt, obwohl gerade von ihnen ein größeres Interesse für solche Zusammenhänge zu erwarten wäre. Dies mag vielleicht daran liegen, daß sich Theologen mit den empirischen Humanwissenschaften (Psychologie, Soziologie) nicht so leicht tun. Nach ihrem Verständnis ist Theologie eine historische und hermeneutische Wissenschaft. Auch der christliche Glaube wird demnach vorwiegend unter solchen Gesichtspunkten betrachtet. So bemängelt z.B. der Praktische Theologe R. Schmidt-Rost

(Dörr, 1987, 111ff) bei den empirisch ausgerichteten Untersuchungen den fehlenden »geschichtlichen Zusammenhang«.

Die statistisch erhobenen Untersuchungsergebnisse der Psychologie müssen aber auch theologisch ernstgenommen und verarbeitet werden, sonst setzt die Theologie ihren Anspruch aufs Spiel, für das ganze Leben bedeutsam zu sein. In diesem Sinn hat die Seelsorge nicht nur eine praktisch helfende Aufgabe. Sie stellt zugleich einen herausragenden Schnittpunkt dar, an dem theologisch reflektierter Glaube und empirisch erfaßbare Wirklichkeit sich verzahnen und verzahnt werden müssen.

So werden z.B. in der Psychologie sogenannte »kognitive Dissonanzen« (Festinger 1977) als eine Ursache seelischer Erkrankungen angesehen. Aufgabe der Seelsorge wäre es nun, solche kognitiven Dissonanzen theologisch zu verstehen, etwa als Widerspruch zwischen Glaube und Wirklichkeit. Diesen Widerspruch kann man dann nicht einfach dadurch auflösen, daß man ihn einseitig einem dogmatischen Glaubensverständnis unterordnet: »Der Glaube ist eine feste Zuversicht auf das, was man hofft, und ein Nichtzweifeln an dem, was man nicht sieht« (Hebr. 11,1). Dieses Verständnis kann nur die eine Seite darstellen. Ergänzend muß hier hinzukommen, daß man von der Bibel her die erfahrene Wirklichkeit neu zu sehen lernt. Ist sie überhaupt angemessen verstanden?

Die vorliegenden Ausführungen sollen nun in einem ersten Teil den empirischen Befund und die Konsequenzen aus der Untersuchung von A. Dörr zusammengefaßt darstellen. In einem zweiten Teil sollen dann die theologisch-seelsorgerlichen Zusammenhänge, ihre biblischen Hintergründe und ihre Konsequenzen bedacht werden.

2. Zusammenhang zwischen religiösem Glauben und psychischer Gesundheit

Unterschiedliche Formen der Religiosität

Religiosität kann nicht länger pauschal als »irrationales Denken« und entsprechend dann als »emotionaler Störfaktor« (Ellis, 1980) eingeschätzt werden. Dies ist eine erste wichtige Einsicht aus der Untersuchung A. Dörrs. Von ihrer Umfrage 1985 im Marburg-Alsfelder Raum wurden 162 Männer und Frauen erfaßt. Die befragten Personen gehörten einerseits einer Gruppe depressiver Patienten an, andererseits einer ziemlich homogenen Gruppe von Männern und Frauen, die die landeskirchlichen Gemeinschaften in Marburg und Alsfeld besuchen. Zur Kontrolle wurde noch eine repräsentative dritte Gruppe von Leuten befragt, die an neutralen Orten zufällig angetroffen wurden.

Das herausragende Ergebnis der Untersuchung war, daß gerade diejenigen Personen weniger zu Depressionen neigten, welche die am stärksten ausgeprägte Religiosität aufwiesen. Sie fanden sich vorwiegend unter den Mitgliedern der landeskirchlichen Gemeinschaften. Im Vergleich zu ihnen wiesen die nicht-religiösen Personen, die sich teilweise als bewußte Atheisten verstanden, eine leicht höhere Neigung zur Depression auf. Recht deutlich stellte sich eine weitere mittlere Gruppe von religiös eingestellten Personen heraus, die einen deutlich erkennbaren Zusammenhang mit Depressivität aufwies. Man muß demnach die Glaubensform oder Religiosität dieser Gruppe unterscheiden von der Religiosität jener Personen, die sich als am stärksten religiös orientiert und zugleich am wenigsten depressiv erwiesen.

Extrinsische und intrinsische Religiosität

Schon 1963/64 hat der Amerikaner G.W. Allport erkannt, daß Religiosität durch zwei verschiedenartige Ausprägungsformen beschrieben werden kann, die er als extrinsische und intrinsische religiöse Orientierung bezeichnete. Intrinsisch meint dabei mehr von innen, extrinsisch eher äußerlich begründet.

Unter extrinsischer Orientierung versteht Allport eine oberflächliche Gläubigkeit, die in Krisenzeiten leicht zusammenzubrechen droht und keinen Halt geben kann. Sie orientiert sich stärker an äußeren Formen und Normen und sucht darin mehr einen persönlichen Nebengewinn wie z.B. Trost in Angst, Hilfe bei Krankheitsnöten usw.

Nur diese Art der Religiosität sollte mit neurotischen Erkrankungen in Zusammenhang gebracht werden, nicht jedoch Religion an sich, wie Freud es behauptet hatte. Extrinsische Religiosität, so Allport, hat einen negativen Einfluß auf die psychische Gesundheit. Derartig geprägte Personen sind stärker selbstbezogen und leiden unter weiterführenden Lebensperspektiven. Sie sind auch weniger sozial angepaßt, und die damit verbundene Heuchelei führt häufig zu Ängsten und Schuldgefühlen. Offenheit und Flexibilität werden durch Verbohrtheit, persönliche Kompetenz und Selbstakzeptanz durch den Mangel an Zugehörigkeitsgefühl und eigener Standortbestimmung beeinträchtigt (Dörr, 6.8).

Die intrinsische Orientierung hat demgegenüber mehr therapeutischen und vorbeugenden Charakter. Sie stellt eine ganzheitliche Überzeugung dar, sowohl auf der Ebene des Verstandes als auch in den Beweggründen. Sie weist eine innere Betroffenheit und Integration aller Lebensbereiche des Glaubenden auf, ist also eine Haltung, die den Glauben verinnerlicht hat. Psychisches Wohlbefinden und Gesundheit sind hier eher eine Art »Nebenprodukt«, das nicht zuerst um seiner selbst willen gesucht wird. Eine entsprechende Religiosität schützt und stärkt also die psychische Gesundheit (Dörr, 6.8).

Depressionen und extrinsische Religiosität

Durch die Untersuchung A. Dörrs ist die unterscheidende Einteilung von Religiosität in intrinsische und extrinsische Glaubensformen deutlich bestätigt worden.

Auffälliges Ergebnis ist, daß es zwischen Depressivität und extrinsisch orientierter Religiosität einen offensichtlichen Zusammenhang gibt. Umgekehrt erwies sich die Gruppe der intrinsisch orientierten Personen als die mit der geringsten Depressivität. »Eine klare Position im religiösen Bereich – ob pro oder contra – sei daher gesünder als eine unverbindliche Religiosität ohne konsequente Überzeugung« (Dörr, 90; Shaver u.a. 1980, 1563ff). Die intrinsische Einstellung kann der psychischen Gesundheit förderlich sein, erscheint zumindest geeignet, »die depressive Verstimmtheit in Grenzen zu halten«(Dörr, 108). Umgekehrt trägt die extrinsische Orientierung dazu bei, »das psychische Wohlbefinden zu beeinträchtigen.«

Interessanterweise finden sich nun die Vertreter der Gruppe der intrinsisch Orientierten vorwiegend in der Untersuchungsgruppe aus dem Bereich landeskirchlicher Gemeinschaften. Das manchmal auch in pietistischen Kreisen vertretene Bild des Pietismus als einer Gemeinschaft von eher bedrückten und seelisch belasteten Menschen muß von daher korrigiert werden.

Untersuchungsergebnisse nicht verallgemeinern

Zu Recht hat man sich bisher dagegen gewehrt, für einige wenige Negativ-Erfahrungen mit einzelnen Pietisten verallgemeinernd den gesamten Pietismus verantwortlich zu machen. Umgekehrt darf nun aber auch die Korrektur auf Grund einer einzelnen empirischen Untersuchung nicht zu einer platten Verallgemeinerung führen. Weitere Überlegungen und Untersuchungen sind angebracht.

Wenn Vertreter des Pietismus selbst nüchtern von Enge und Bedrückung in ihren Gemeinschaften sprechen, liegen hier offensichtlich andere Erfahrungen vor als bei einem psychologischen Test.

A. Dörr weist am Ende ihrer Untersuchung selbst darauf hin, daß es sich lediglich um Momentaufnahmen handle, die der Ergänzung durch eine weiterführende Untersuchung über einen längeren Zeitraum bedürften. Auch müßte eine Beurteilung durch Angehörige und Seelsorger einbezogen werden. Darüber hinaus ist aber auch zu bedenken, ob und inwieweit die befragten Vertreter der landeskirchlichen Gemeinschaften den Durchschnittsbesucher der Veranstaltungen repräsentieren.

So fällt z.B. auf, daß 25 der 54 befragten Personen der Gemeindegruppe Männer waren (46,3%). Sicher wird der Männeranteil in den landeskirchlichen Gemeinschaften höher sein als in vielen volkskirchlichen Gemeinden. Nach nüchterner Einschätzung am Beispiel zahlreicher Gemeinschaftskreise in Württemberg, wo der Pietismus traditionell stark ist, ist der Frauenanteil aber auch hier wohl deutlich höher als bei 53% anzusetzen.

Auch das Durchschnittsalter von 36,2 Jahren bei den befragten Personen der Gemeindegruppe (Dörr, 58) weicht von den üblichen Beobachtungen in pietistischen Gemeinschaften ab. Sicher gibt es Einzelbeispiele örtlicher Gemeinschaften, in denen überdurchschnittlich viele junge Menschen dabei sind. Aber selbst hier liegt das Durchschnittsalter nicht niedriger als bei ungefähr 48 Jahren. In vielen anderen Kreisen liegt es dagegen bei 65 Jahren und mehr. Von daher ist Zurückhaltung angebracht, wenn es darum geht, den Befund A. Dörrs auf den Pietismus allgemein zu übertragen. Es ist zu vermuten, daß entweder diejenigen Gemeinschaftsbesucher, die eine höhere Depressivität aufwiesen, vom Befrager gar nicht erfaßt wurden (oder sich nicht befragen ließen) oder daß die Zusammensetzung der untersuchten landeskirchlichen Gemeinschaften tatsächlich eine andere ist, als sie von vielen sonstigen Gemeinschaften her bekannt ist.

Fragt man nun – so weit es eine psychologische Untersuchung zuläßt – inhaltlich genauer nach dem Glauben der Personen mit intrinsischer und extrinsischer religiöser Orientierung, so läßt sich auch hier eine deutliche Tendenz erkennen. Dies zeigte sich am Gottesbild der Testpersonen: Einerseits ist das Gottesbild depressiver Patienten nicht auffällig negativer als das der anderen Testpersonen. Andererseits »besteht aber eine hochsignifikante Tendenz dahingehend, daß mit zunehmender Depressivität das Gottesbild negativer wird« (Dörr, 102). Je stärker jemand unter Depressionen leidet, desto höher ist also die Wahrscheinlichkeit, daß der Gedanke an Gott in ihm Ängste auslöst.

Das Gottesbild der extrinsisch orientierten Testpersonen ist nun umgekehrt aber nicht positiver als das der Nichtreligiösen. Beide, die Nichtreligiösen wie die extrinsisch Religiösen vertreten gleicherweise die allgemeine, traditionell überlieferte Gottesvorstellung, in der der liebende und gnädige Gott nicht so sehr zum Zug kommt. Darin komme, so A. Dörr, wiederum die wenig persönlich geprägte Religiosität der extrinsischen Glaubensform zum Ausdruck (101), die den Glauben weniger verinnerlicht. Eben darin findet sich der Unterschied zur Gruppe der ausgeprägt Religiösen mit intrinsischer Glaubensweise. Bei diesen findet sich nicht nur ein positives Gottesbild, sondern auch ein positives Selbstbild, die miteinander zusammenhängen.

Damit nimmt A. Dörr den Befund von Benson und Spilka (1977) auf, wonach »der Depressive den Glauben an einen liebenden Gott umso mehr« verliert, »je depressiver er ist, da das Gottesbild seinem negativen Selbstbild angepaßt werden muß, um kognitive Dissonanzen zu vermeiden« (Dörr, 102).

Im Einzelfall der Seelsorge müßte hier nun weiter geprüft werden, ob das negative Selbstbild Folge eines erlernten negativen Gottesbildes ist oder ob umgekehrt die durch äußere Umstände oder Anlagen bedingte negative Selbsteinschätzung auf Dauer auch das Gottesbild in Mitleidenschaft zieht.

Ist eine Änderung der Einstellungen möglich?

Eines der Ergebnisse aus der Untersuchung A. Dörrs ist noch als bedeutsam anzusehen: In der erfaßten Gruppe mittlerer, also extrinsischer Religiosität und zugleich der höchsten Depressivität befanden sich wesentlich mehr Frauen (73%) als Männer (27%) (Dörr, 95). Zudem wies diese Gruppe auch den höchsten Altersdurchschnitt auf. Daraus zieht A. Dörr die Schlußfolgerung: »Männer nehmen also eindeutigere Positionen ein, während die religiöse Überzeugung von Frauen von geringerer Konsequenz gekennzeichnet ist« und »daß besonders ältere Frauen den mittleren Bereich religiösen Glaubens bevorzugen« (95). Gegenüber solchen weitreichenden Schlußfolgerungen dürfte freilich eine gewisse Zurückhaltung angebracht sein. Die Gesamtzahl von nur 162 Testpersonen und die damit verbundene unsichere Repräsentation des Pietismus im allgemeinen läßt eine derartige Verallgemeinerung kaum zu. Dennoch trifft der Befund die Umstände vieler seelsorgerlicher Erfahrungen wohl weit mehr und entspricht den tatsächlichen Verhältnissen in zahlreichen örtlichen Gemeinden und Gemeinschaften.

Damit ist aber nun die Seelsorge herausgefordert: Wenn ein oberflächlicher Glaube eher mit depressiven Erkrankungen einhergeht, wie kann dem begegnet werden? Wie kann weiterhin eine oberflächliche, mehr an Formen und Ordnungen orientierte Frömmigkeit zu einem vertieften persönlichen Glauben »befreit« werden? Hier berühren sich deutlich seelsorgerliche und psychotherapeutische Anliegen, weil eines sich auf das andere auswirkt. A. Dörr sieht »behutsame Einflußnahme und Korrekturen« als angebracht an, die »möglicherweise eine solche kognitive Struktur in Bewegung bringen« können (108).

Bei der Untersuchung der religiösen Einstellung ist für den Psychologen bisher das Gottesbild der Testperson am deutlichsten erfaßbar. Eine auch noch so behutsame Korrektur aber überschreitet seine Kompetenz, greift er damit doch in den weltanschaulichen Bereich des Klienten ein. Auch läßt sich eine solche Korrektur ohne einen gültigen und zugleich vertrauenswürdigen Maßstab nicht durchführen. Deshalb fordert A. Dörr, »daß der therapeutisch arbeitende Psychologe die Religiosität des Patienten zunächst einmal so akzeptiert, wie sie sich darbietet, und sie nicht von vornherein in Frage stellt. Möglicherweise ist dies für einen Patienten, dem sein Glaube sehr wichtig ist, eine Voraussetzung dafür, daß er Vertrauen zum Therapeuten entwickeln und sich öffnen kann« (108).

An dieser Stelle sollte der Psychologe und Psychotherapeut mit dem Theologen und Seelsorger zusammenarbeiten. Es kann aber auch nur der Seelsorger gefordert sein. Hier geht es um eine kompetente Umsetzung angemessen verstandener biblischer Inhalte in die individuelle Situation. Dabei ist selbstverständlich nicht nur die »Richtigkeit« des Bibelverständnisses bzw. des Verständnisses geoffenbarter Wahrheit gefragt, sondern auch die Vertrauenswürdigkeit der Person des Seelsorgers und die Lernbereitschaft des Ratsuchenden.

3. Intrinsischer Glaube ist biblisch angemessener

Biblische Grundlinien für Glauben und Seelsorge

Es kann in diesem Aufsatz nicht darum gehen, Grundlagen und Zielbestimmungen christlicher Seelsorge ausführlich zu diskutieren. Als selbstverständlich wird vorausgesetzt, daß Seelsorge nicht in psychotherapeutischem Handeln aufgeht und auch nicht damit gleichgesetzt werden kann – auch wenn die äußere Vorgehensweise streckenweise deckungsgleich erscheinen mag (vgl. hierzu auch Kapitel 2 im Beitrag von M. Dieterich, S. 60). Das unverwechselbar Eigene christlicher Seelsorge ist durch den von der Bibel bezeugten und in Jesus Christus leibhaftig gewordenen Heilswillen Gottes gegeben. Seelsorge fragt deshalb zwangsläufig anhand der biblischen Grundlinien nach dem allgemeinen und individuellen Willen Gottes für den einzelnen in seiner konkreten, einmaligen und unverwechselbaren Situation. Dafür sind folgende Lehreinsichten maßgebend:

Für den evangelischen Christen ist die paulinische Lehre von der Rechtfertigung des Gottlosen aus Gnade allein durch den Glauben unaufgebbar (vgl. Röm. 3,21-26; 5,1.6-11). Befreiung und erneuernde Ausrichtung erfährt der Mensch ausschließlich durch die Lebenshingabe und Auferweckung des Gottessohnes Jesus Christus und nicht durch eigenes Bemühen. Luther hat dies auf die Kurzformel »sola gratia« gebracht. Dies ist insbesondere für das in pietistischen Kreisen verbreitete Heiligungsverständnis bedeutsam, das leicht so mißverstanden werden kann, als müsse der Mensch durch eigenes Bemühen sein Heil erst noch verdienen. Dazu verleitet z.B. die innere Einstellung: Ein Christ kann doch kein »Gottloser« (Sünder) mehr sein! Dabei unterscheidet sich ein Christ vom Nichtchristen nicht durch sein geringeres Maß an Sünde, sondern dadurch, daß er bewußt von Gottes Barmherzigkeit lebt. Auch als Erlöster bleibt er Sünder und auf Gnade angewiesen.

Hier ist deshalb auch zu bedenken, wie weit sich ein solches Mißverständnis mit der Erziehung verzahnt, die der Betreffende erfahren hat. Die nachfolgenden Kapitel gehen darauf gründlich ein. Es liegt nahe anzunehmen, daß das natürliche menschliche Bemühen um Anerkennung und Annahme, das ein Kind seinen Eltern gegenüber durch Gehorsam oder Anpassung ausübt, auch auf Gott übertragen wird. Solche Vorgänge bewußt zu machen und durch Umdenken zu korrigieren, stellt einen wichtigen Ansatzpunkt für die Seelsorge dar.

Entscheidend ist auch das biblische Menschenbild, das

den Menschen als Geschöpf Gottes sieht, das ihm verantwortlich und auf ihn angewiesen, erlösungsbedürftig und von ihm geliebt ist. Hier muß besonders die von einer falsch verstandenen Rechtfertigungslehre in Mißkredit gebrachte Verantwortlichkeit des Menschen betont werden. Wenn Christus schon alles Heilsentscheidende getan hat, kann dies nicht bedeuten, daß der Mensch die Hände in den Schoß legen und nur noch abwarten muß. Verantwortlichkeit bedeutet, daß Gott auf die Antwort des Menschen wartet, daß der Mensch sich willentlich an Gottes Wort halten kann oder nicht. Wo der Mensch verantwortlich zu seinem eigenen Tun steht, die Verantwortung also nicht abschiebt, wie es so anschaulich an der Geschichte vom Sündenfall zu beobachten ist (1. Mose 3,12f.), da kann die Rechtfertigung des Sünders auch erst greifen. Selbstverständlich darf die Verantwortlichkeit des Menschen als Gottes Geschöpf nicht grenzenlos gesehen werden. Sie beschränkt sich auf den dem einzelnen Menschen zugemessenen Bereich (vgl. Röm. 12,3; 1. Kor. 12,11; Eph. 4,7).

In diesem Zusammenhang ist auch das im Pietismus weit verbreitete Führungsverständnis anzusprechen. »Führung« in diesem Sinn wird gerne verstanden als ein Warten auf ein sichtbares Eingreifen Gottes, mit dem er ein Zeichen zur Bestätigung oder Ablehnung einer anstehenden Entscheidung gibt. Dahinter steht das verständliche Bemühen, es Gott recht machen zu wollen, vielleicht aber auch eine gewisse Angst, bei einer falschen Entscheidung von Gott zur Rechenschaft gezogen zu werden. Letzteres paßt jedenfalls nicht zusammen mit der Einsicht, daß wir von Gott aus Gnade angenommen sind und wir für unsere Fehlentscheidungen zwar menschlich gerade stehen, aber vor Gott nicht büßen müssen, sondern von Vergebung leben.

Abgesehen von einer damit verbundenen, bei vielen Pietisten zu beobachtenden Entscheidungsschwäche, wird hier auch das Pauluswort aus Phil. 2,12f falsch verstanden: »Schaffet, daß ihr selig werdet, mit Furcht und Zittern.

Denn Gott ist's, der in euch wirkt beides, das Wollen und das Vollbringen, nach seinem Wohlgefallen.« Wenn es z.B. auf einer Spruchkarte heißt: »Gott fängt an, wenn wir am Ende sind«, dann wird damit ein mißverstandener, ja sogar Störungen auslösender Glaube unterstützt, der Gottes Tun je nach der Leistungsfähigkeit des Menschen hinausschiebt. Gott wird hier zum Lückenbüßer gemacht. Entsprechend neigt der in solcher Weise glaubende Mensch dazu, sein eigenes Tun lieber zurückzustellen, ja sich weniger zuzutrauen, als er vermag. Besser müßte der Satz heißen: »Gott hört nicht auf, wenn wir am Ende sind.«

Das biblische Verständnis vom Wirken Gottes im Verhältnis zum Tun des Menschen ist nicht alternativ, sondern komplementär zu denken: Hundert Prozent menschliches Tun und deckungsgleich hundert Prozent göttliches Handeln. Entsprechend erwartet Gott, daß wir uns selbst entscheiden – nach bestem Wissen und Gewissen in der Verantwortung vor ihm – und gerade darin vollzieht sich sein Wille.

Solches Verantwortungsverständnis hat auch nichts zu tun mit einem übersteigerten Aktivismus. Die Verantwortung vor Gott schließt auch die geistlich verantwortete Rücksichtnahme auf das eigene Leben und die Gesundheit ein und sucht entsprechend auch die Ruhepausen. Gott hat nicht unbegründet den siebenten Tag als Ruhetag verordnet.

Deshalb gehört auch eine illusionslose, nüchterne Offenheit und Wahrhaftigkeit dazu, die Wirklichkeit zu sehen und zu nehmen, wie sie ist, und sie nicht einem frommen Wunschdenken zu opfern. Damit ist insbesondere die Bereitschaft zur Selbstkritik und der Verzicht auf alle selbstgerechte Distanzierung von anderen gemeint, wie es in 1. Joh. 1,8f heißt: »Wenn wir sagen, wir haben keine Sünde, so betrügen wir uns selbst, und die Wahrheit ist nicht in uns. Wenn wir aber unsere Sünden bekennen, so ist er treu und gerecht, daß er uns die Sünden vergibt und reinigt uns von aller Ungerechtigkeit.« Anders gesagt geht es um die

Überwindung frommer Fassaden, zu denen wir uns oft genug gegenseitig zwingen. Die Anstrengung, nach außen einen idealen Schein des Christseins aufrecht zu erhalten, geht auf die Dauer auch an die Nervenkraft und höhlt den Glauben aus. Gerade hier muß die recht verstandene Rechtfertigungslehre befreiend zum Zug kommen. Es gilt, das Christsein vom Ideal-sein-Müssen zu entlasten. Es wäre ein falsch verstandener Glaube, zu meinen, ein Christ dürfe keine Fehler machen oder dürfe nicht schwach sein, wenn Paulus genau das Gegenteil als zentral herausstellt (2. Kor. 12,9).

Entsprechend gilt es für Christen zu lernen, ihr ganzes herkömmliches Verständnis von Bibel, Glaube und Christsein zu überprüfen, wie weit es mit der Wahrheit des Evangeliums übereinstimmt. Es kann keiner wie selbstverständlich voraussetzen, daß er das richtige Verständnis hat. Jede Selbstverabsolutierung widerspricht der Rechtfertigung des Sünders allein aus Gnaden und steht dem Wesen der göttlichen Barmherzigkeit und der wahren, geistlichen Gemeinschaft entgegen. Bewußt gebraucht Paulus deshalb das Bild vom einen Leib mit seinen vielen, unterschiedlichen Gliedern, die alle einander brauchen und wo keines über dem anderen steht (1. Kor. 12). Selbstverabsolutierung macht zudem auf die Dauer einsam und führt zwangsläufig zu ständig neuen Konflikten.

In diesem Zusammenhang ist auch auf Überlegungen von K. Heimbucher hinzuweisen. In einem der letzten Vorträge vor seinem Tode (1989, 24-41) stellte er die Frage, ob die Bibel uns noch sagen darf, was sie sagen will. Dabei weist er auf die individuelle Dogmatik hin, die jeder hat: »Die Bibel muß dann sagen, was unserer ›Dogmatik‹ entspricht« (31). Ebenso erweisen sich unsere »Lieblingsgedanken«, unsere »Spontaneität« und unsere »Erfahrung«, auch unser Verflochtensein in das moderne Denken als Hindernis. Es ist deshalb angebracht, vor jeder sich auf biblische Aussagen berufenden Argumentation sein eigenes Vorverständnis zu prüfen.

Kann man die Bibel neu verstehen lernen?

Die angeführten Leitsätze sind nicht unreflektiert in die seelsorgerliche Fragestellung einzubringen. Unsere eigenen Voraussetzungen unter dem Vorzeichen der geistigen Strömungen der Gegenwart müssen genauso überprüft werden, ob sie mit den biblischen Grundlinien übereinstimmen. Unsere Interpretation der biblischen Aussagen im Blick auf die Seelsorgesituation läßt sich dem Einfluß des neuen, von den gegenwärtigen gesellschaftlichen Bedingungen bestimmten Menschenbildes nicht entziehen. Es gehört heute ja fast zum guten Ton, den Glauben zu psychologisieren, den menschlichen Selbstwert zu betonen und das Selbstvertrauen zu stärken. So stellt es sich jedenfalls in vielen seelsorgerlichen Einzelfällen als Aufgabe dar.

Im Unterschied zum allgemeinen Humanismus, mit dem wir es heute auf breiter Ebene zu tun haben, bleibt für uns die Bibel unaufgebbare »Norma normans«, ein Maßstab, der unserem eigenen Urteilen zugrunde liegen muß und nicht durch unser (Vor-)Urteil verändert werden darf. Solche entschiedene Bibelorientierung entspricht einem Uranliegen der pietistischen Glaubensväter. So wie die Bezeichnung »Pietismus« (Frömmelei) ursprünglich ein Schimpfwort war, das die Väter mit Stolz aufgenommen haben, so können wir heute auch den Vorwurf des »Biblizismus« gerne ertragen. Darin meinen wir, ein entscheidendes Erbe christlicher Kirche zu pflegen und zur Unverwechselbarkeit der Kirche Jesu Christi heute beizutragen.

Inhaltlich sind es vor allem folgende biblische Leitbilder, die zu einer Korrektur mancher überkommener Einstellungen Anlaß geben: Das Vorbild Jesu selbst, der in seine Nachfolge ruft. Anhand vieler Gleichnisse macht er deutlich, daß solche Nachfolge nicht nur Nachahmung, sondern bewußte und selbst verantwortete Übernahme des eigenen Weges in der Verantwortung vor Gott darstellt. Dabei kann sich keiner auf Traditionen, Vorstellungen oder Maßstäbe berufen, die »man« eben hält. Nein, ich stehe selbst vor Gott, und das einzige, was mich hält, ist sein Sohn Jesus Christus.

Dann gibt es auch das Leitbild mancher Propheten im Alten Testament, deren Glaubensleben sich offensichtlich erheblich von dem unterscheidet, was bei den Empfängern ihrer Botschaft zu beobachten ist. Hinzu kommt noch das Leitbild der Apostel im Neuen Testament, die sich aus der Kraft des Glaubens gegen die Meinung der Mehrheit stellen und standhalten konnten. Natürlich hatten sie alle auch ihre Schwachstellen. Genau hierin aber findet sich in der biblischen Darstellung der Unterschied zu unserem eigenen Bemühen. Ihre Schwächen werden nicht vertuscht, sondern offen berichtet, z.B. die Verleugnung des Petrus, der Streit unter den Aposteln (Apg. 15,7.16-40; Gal. 2,11) oder die Rechtfertigungsversuche des Paulus vor der korinthischen Gemeinde (1. Kor. 4,1-4; 2. Kor. 12,1-10). Die Überzeugungskraft des Evangeliums, daß es dem schwachen Menschen gilt und Barmherzigkeit den tragenden Boden darstellt, wird dadurch eher unterstrichen.

Schließlich ist hier besonders auf die Argumentation des Paulus über das Verhältnis der Starken und Schwachen im Glauben zu verweisen (Röm. 14,1-15,7; 1. Kor. 8,1-13; vgl. Gal. 2,11-14). Der Starke ist dadurch gekennzeichnet, daß er um des Schwachen willen auf die Freiheit seiner Stärke verzichten kann.

Schließlich gilt es, das biblische Anliegen von der Verleiblichung des Glaubens zu berücksichtigen. Glaube will und soll gelebt werden. Glaube drängt darauf, sichtbare Gestalt anzunehmen. Eine nur spiritualisierende Auslegung der Bibel bleibt deshalb hinter ihrem eigenen Anliegen zurück und trägt zu dem offensichtlichen Mißverhältnis zwischen Sonntags- und Werktagschristentum bei. Der Glaube stellt keine Welt für sich, abgehoben von den irdischen Verhältnissen, dar. Deshalb kann diese Erde auch nicht nur als ein Jammertal angesehen werden, das es möglichst hinter sich zu lassen gilt. Auch wenn manche alten Lieder diese Bilder gebrauchen, dürfen sie nicht unreflektiert auf unsere Verhältnisse übertragen werden. Vielmehr bringen sie unsere zu allen Zeiten gültige Erlösungsbedürftigkeit zum Ausdruck. Sie kam und kommt gerade dann besonders brennend zur Sprache, wenn die äußeren Verhältnisse, wie etwa die Folgen des Dreißigjährigen Krieges, kaum noch Raum zur Entfaltung ließen.

Die biblischen Aussagen belegen Gottes Liebe zu seiner Schöpfung. Er läßt nichts unversucht, um sie zu retten und zu erneuern. Daß es einen neuen Himmel und eine neue Erde geben wird, darf nicht nur negativ als ein Verdammungsurteil über diese Welt verstanden werden. Vielmehr gilt es dahinter positiv die Erneuerung zu sehen, an der wir teilhaben sollen, und davor Gottes unbeschreibbare Geduld und Treue, mit der er seinem Geschöpf nachgeht. Gott liebt diese Welt, deshalb will er sie erneuern und deshalb dürfen wir selbst sie nicht verachten.

Gott hat uns mit unserer ganzen Leiblichkeit erschaffen. In seiner neuen Welt werden wir wieder einen Leib haben. Gott legt Wert auf unsere Leiblichkeit. Deshalb dürfen wir mit unserem Leib nicht leichtfertig umgehen. Was wir glauben, kommt in unserem Umgang mit unserem Leib zum Ausdruck. Was wir sehen, hören, spüren, erfahren und erleben, steht deshalb in engem Zusammenhang mit dem Schöpfer und seinem Heilswillen. Deshalb bewahrt er nicht nur diese Welt, sondern er ist in sie eingegangen, hat selbst Geschichte gemacht, hat sich darin offenbart und Schritt für Schritt die Einsicht in sein rettendes Ziel ermöglicht.

Dabei darf Gottes Offenbarung in der Geschichte nicht auf die wenigen wunderhaften Ereignisse beschränkt werden. In viel größerem Umfang kommt sein Offenbarungshandeln in und mit dem Wirken von Menschen zum Zug. Um deren Tun als göttliches Handeln zu verstehen, bedarf es deshalb immer des bevollmächtigten, interpretierenden Wortes. Für unsere Erfahrungen heute steht uns dieses interpretierende Wort nur in der Bibel zur Verfügung. Alle menschlich prophetischen Worte müssen sich daran messen lassen. Von diesem Ziel her sind unsere Erfahrungen verständlich zu machen, sind Glaube und Wirklichkeit miteinander in Beziehung zu setzen. Von diesem Ziel her können wir auch verantwortlich mit den Ergebnissen empirischer Wissenschaft umgehen. Wo wir Leid erleben, stehen wir dann nicht zwangsläufig unter dem Druck, alles tun zu müssen, um dieses zu beseitigen. Dann können wir auch eher annehmen, daß das Leid zu dieser vergehenden Welt und ihrer Wirklichkeit gehört.

Dieser Wirklichkeit können wir uns nicht entziehen. In dieser Welt haben wir unseren Platz und unseren Auftrag. Für Gott selbst ist diese leidgeprägte Welt so sehr Realität, daß es ihn seinen Sohn gekostet hat. Christsein kann deshalb nicht darin aufgehen, Schmerz und Krankheit zu beseitigen, sondern muß auch dazu beitragen, diese zu ertragen, weil sie zu diesem Leben gehören. Die Bereitschaft und Fähigkeit, Spannungen auszuhalten, stellt deshalb eine wichtige seelsorgerliche Zielsetzung dar. Darüber hinaus wird darin auch die Ewigkeitsdimension deutlich. Der Blick auf das Heilsziel vermittelt Hoffnung, aus deren Kraft die gegenwärtigen Spannungen eher ertragen werden können.

Freilich darf solche Einsicht wiederum nicht vereinseitigt werden, als ob unser Leben doch nur Leid zu ertragen habe. Deshalb ist z.B. der Gedanke, wie er von pietistisch geprägten Menschen gerne vertreten wird, biblisch nicht haltbar: »Wenn ich vor der Entscheidung zwischen einem schweren und einem weniger schweren Weg stehe, dann entspricht der schwere Weg eher dem Willen Gottes.« Oder: »Ein Christ ist immer im Dienst!« Unser Ja zu unserem Sosein muß auch das Ja zur Freude, zum Schönen und auch zur Ruhe einschließen. Auch dies gehört zu unserer Leiblichkeit.

Die Bibel kennt extrinsischen und intrinsischen Glauben

Im folgenden sollen die extrinsische und intrinsische Glaubensform mit biblischen Aussagen in Bezug gesetzt werden. Zuvor muß jedoch danach gefragt werden, wie diese in erster Linie doch psychologischen Begriffe denn theologisch verstanden und aufgenommen werden können. Dazu gehört zunächst die Einsicht, daß es sich bei diesen Begriffen um den Ausdruck einer psychologischen »Außenschau« handelt, die genauso bei der Beobachtung und Beschreibung anderer Weltanschauungen angewandt werden kann. Nach psychologischem Verständnis müßte die extrinsische und intrinsische religiöse Orientierung also z.B. auch bei einem Moslem oder einem Hindu zu beobachten sein.

Wenn wir die intrinsische Glaubensweise als die weniger krankmachende, ja sogar dem psychischen Wohlbefinden förderliche Form ansehen müssen (Dörr, 100), dann hat dies also erst in zweiter Linie mit den Inhalten des christlichen Glaubens zu tun. An erster Stelle steht die ganzheitliche Betroffenheit: Der ganze Mensch nach Leib, Seele und Geist ist von der Glaubensüberzeugung erfaßt. Sie erfüllt sein Leben, gibt ihm Sinn und Ziel, Festigkeit und Zufriedenheit. Was der Christ unter »Friede mit Gott« als Glaubensinhalt und -ziel des christlichen Glaubens versteht, wird vom Psychologen wohl berechtigt als inhaltliche Entsprechung zum »psychischen Wohlbefinden« bzw. der seelischen Ausgeglichenheit im psychologischen Sinn angesehen.

Diese Unterscheidung zwischen dem Glaubensinhalt und der Glaubensform wird in der christlichen Dogmatik traditionell mit den lateinischen Begriffen der »fides quae creditur« und der »fides qua creditur« auf den Nenner gebracht. Die »fides quae« ist der Glaube an das, was inhaltlich geglaubt wird. Die »fides qua« dagegen meint den Glauben, durch den oder aus dem heraus man glaubt.

Demnach ist die »fides quae« mehr auf die bekenntnismä-
ßigen Inhalte ausgerichtet und entspricht damit eher der
extrinsischen Orientierung. Die »fides qua« entspricht dagegen offensichtlich eher der intrinsischen Religiosität, also einem »vertrauenden Glauben«. In diesem Zusammenhang ist zu bedenken, daß die Grundbedeutung des biblischen Wortes für »glauben« sowohl im Griechischen als
auch im Hebräischen eigentlich »vertrauen« meint, auch
wenn es in den Bibelübersetzungen unterschiedlich wie-
dergegeben wird.

Entscheidend ist nun, daß zwar die »fides qua« den ech-
ten Glauben erst ausmacht, daß dieser aber ohne die »fides
quae« nicht identifizierbar ist. Beide gehören also zusammen. Die »fides quae« vertritt den Sachaspekt, die »fides
qua« dagegen den Beziehungsaspekt. Ohne eine intakte
Glaubensbeziehung, die persönliche Beziehung zu Jesus
Christus, kann die Sache des Glaubens nicht heilsam zum
Zug kommen (vgl. Watzlawick u.a. 1989). Umgekehrt
braucht das Vertrauen auch das Wissen um die Sache: Wer
Jesus nicht als den kennt, wie ihn die Evangelien beschreiben, kann ihm auch kein Vertrauen schenken.

Der Zusammenhang zwischen den beiden Glaubensformen ist unauflöslich. Deshalb gibt es wohl auch keine
Christen, die »nur extrinsisch« oder »nur intrinsisch« glauben würden, aber die Schwerpunkte können je nach der
äußeren Situation, den Persönlichkeitsfaktoren und der
Sozialisation unterschiedlich gewichtet sein. Biblisch gesehen stehen beide in einem ausgewogenen Gleichgewicht.

Zur pietistischen Tradition gehört es nun seit jeher, daß
die Glaubensweckung und -förderung auf eine persönliche
Beziehung zu Jesus Christus abzielt. Das anfängliche Gegenüber des Pietismus zur altprotestantischen Orthodo-
xie, die allgemein die Rechtgläubigkeit (und damit mehr
die extrinsische Religiosität) betonte, hat deutlich den persönlichen, vertrauenden Glauben (im Sinne der intrinsischen Religiosität) hervorgehoben. Solche Betonung ist
dort berechtigt und zu fordern, wo der Glaube allgemein

den Beziehungsaspekt zu vernachlässigen droht bzw. sich im Halten äußerer Formen zu erschöpfen scheint. In diesem Sinne kann ein mehr extrinsischer Glaube durchaus als »oberflächlicher« Glaube verstanden werden.

Durch die ganze Geschichte des Gottesvolkes hindurch, wie sie von der Bibel bezeugt ist, läßt sich sowohl die extrinsische als auch die intrinsische Glaubensform beobachten. Im Alten wie im Neuen Testament finden sich Beispiele von Männern und Frauen, die sich entweder mehr an den äußeren Formen des Glaubens, an geforderten Leistungen und Ritualen orientieren oder durch ihre persönliche Betroffenheit und die Integration ihres ganzen Lebens in das Glaubensverständnis gekennzeichnet sind (vgl. Jes. 28,7ff; Jer. 7,1ff; Am. 6,1ff; Mt. 23,1ff; Lk. 10, 25ff; Apg. 5,1ff; 8,9ff; 10,9ff; 15,1ff; Röm.14f; 1. Kor. 8; Gal. 5,1ff; u.ö.). Die Letztgenannten entsprechen dabei offensichtlich eher den von den biblischen Aussagen anvisierten Vorstellungen eines Gott ergebenen Lebens. Am anschaulichsten läßt sich dies mit dem Pauluswort aus Gal. 2,20 auf den Nenner bringen: »Ich lebe, doch nun nicht ich, sondern Christus lebt in mir.«

Von der Untersuchung A. Dörrs ausgehend, müssen wir die Tatsache zur Kenntnis nehmen, daß die extrinsische Glaubensform am deutlichsten die Möglichkeit einschließt, psychisch krank zu werden. Von daher ist es überlegenswert, wie weit damit z.B. die Beschreibung der »Schwachen im Glauben« (Röm. 14,1) durch Paulus zusammenhängt. Mit »Schwachen« sind hier nicht medizinisch Kranke gemeint. Vielmehr erscheinen sie als Christen, die durch ein enges, ängstliches Gewissen gebunden sind, zur Gesetzlichkeit neigen und die »herrliche Freiheit der Kinder Gottes« (Röm. 8,21; vgl. Gal. 5,1) zumindest in ihrem wahrnehmbaren Leben nicht erkennen lassen. Paulus macht demgegenüber deutlich, daß die ängstliche Einhaltung äußerer Ordnungen und Regeln Gottes Barmherzigkeit aufs Spiel setzt (vgl. Gal. 5,4). Allerdings handelt es sich bei der Frage nach dem Essen von Götzenopferfleisch in Röm. 14 und 1. Kor. 8 dogmatisch um sogenannte »Adiaphora« (Zwischendinge). Die Frage der zusätzlichen Beschneidung in Gal. 5 dagegen sieht Paulus als heilsentscheidend an. Die Schwierigkeit liegt darin, im Einzelfall zwischen heilsentscheidenden Dingen und »Adiaphora« zu unterscheiden. Gerade diese Spannung aushalten zu können dürfte mit zu den »Stärken« des starken Glaubens gehören.

Wenn Paulus dazu auffordert, sich der Schwachen anzunehmen, will er nicht deren Einstellung rechtfertigen, sondern ein verständnisvolles Miteinander in der Gemeinde fördern. Von daher ist das seelsorgerliche Bemühen darauf auszurichten, einen intrinsischen Glauben zu ermöglichen und dazu Hilfestellung zu geben. Nur – dies darf nicht zu einer Idealisierung des »starken Glaubens« führen. Aber der bisherige Glaube bedarf der ständigen Pflege der Vertrauensbeziehung. Solches Vertrauen hat sein Zentrum wiederum in der Rechtfertigung des Gottlosen aus Gnade allein, und zwar vorrangig im persönlichen Nachvollzug des »Ich muß von mir aus nichts mehr zu meinem Heil tun, als mich darauf verlassen: Es ist schon alles getan.« Glaubensförderung ist insofern eine vertrauensbildende Maßnahme, Anleitung, sich loszulassen. Natürlich gilt es dabei zu prüfen, wie wir etwa durch unser eigenes Denken, Reden und Tun – ohne es zu wollen – zu einem extrinsischen Glauben beitragen bzw. ihn unterstützen, und entsprechend, wie wir dies vermeiden können.

Um unsere eigenen Voraussetzungen im Glaubensumgang miteinander prüfen zu können, müssen wir nun zuerst die kognitive Dimension des christlichen Glaubens wahrnehmen. Damit ist gemeint, daß der Glaube mit Denken im Sinne von Erkennen zu tun hat (vgl. Joh. 6,68f). Selbstverständlich schließt solch glaubendes Erkennen auch die Ebene der Gefühle und des Handelns mit ein. Dies entspricht dem biblischen Verständnis des hebräischen Begriffes »jada« im Sinne von ganzheitlichem Erkennen.

Am Beispiel der lukanischen Ostergeschichte (Lk.

24,1ff) läßt sich dieser Zusammenhang anschaulich nach-vollziehen. Damit die Frauen zum Glauben kommen, reicht die Erfahrung des leeren Grabes allein nicht aus. Es fehlt das Wissen um die Bedeutung des Geschehens. Aber selbst wenn dieses Wissen vorhanden wäre, muß es nicht sofort mit der aktuellen Erfahrung in Beziehung gesetzt werden können. So kommt hier nun durch die Engel das interpretierende Wort hinzu. Dadurch wird die erfahrene Wirklichkeit in einen Erkenntniszusammenhang mit dem gehörten Wort gestellt. Bei einem extrinsischen Glauben stehen das Wortwissen und die erfahrene Wirklichkeit nicht im ausgewogenen Verhältnis zueinander. Deshalb ist anzunehmen, daß hier wahrscheinlich der ganzheitliche Erkenntniszusammenhang fehlt.

Daß nun die Frauen die Erfahrung des leeren Grabes mit der Erkenntnis verbinden: »Jesus ist auferstanden« und dies als Wahrheit annehmen, ergibt sich wiederum nicht zwangsläufig. Sie nehmen die Erkenntnis an, weil das Wort der Engel bevollmächtigt ist. Als die Frauen ihre Erfahrung an die Jünger weitergeben, fehlt das bevollmächtigte Wort: Die Jünger glauben nicht. Auch die Emmaus-Jünger wer-den erst durch das vollmächtige Wort des Auferstandenen selbst an die Wahrheit herangeführt (Lk. 24,25-27.32). Das Erkennen des Auferstandenen im Brotbrechen schließt dann Erfahrung und Denken (Wissen um das Ausgelegte) als Erkennen zu einem Ganzen zusammen.

Unser Verhältnis zum biblischen Wort heute ist ähnlich gekennzeichnet: Wir denken darüber nach und bilden uns ein Wissen (von der Frage des angemessenen Verstehens einmal abgesehen). Erst wenn wir nun solches Wissen mit unserer Erfahrung der Wirklichkeit in Beziehung setzen und durch den Heiligen Geist als Wahrheit annehmen, wird daraus das gläubige Erkennen und Verstehen, von dem die ganze Person betroffen ist.

Aufgrund dieser Einsichten ist es nun möglich, die Er-kenntnisse der Kognitionspsychologie und speziell Vorge-hensweisen der rational-emotiven Therapie (Beck 1986;

Ellis 1982; Jaeggie 1979; Lazarus 1978; Meichenbaum 1977) in der Seelsorge aufzunehmen. So deuten z.B. verschiedene Metastudien darauf hin, daß bei der Behandlung psychogener Depressionen neben der Medikamentierung die Methoden der kognitiven Verhaltenstherapie die nachhaltigsten Erfolge aufweisen (Wright, Beck 1986). Auf solche Weise können die kognitiven Inhalte des Glaubens in ihrem Zusammenhang mit dem Selbstverständnis und der Persönlichkeitsprägung des Ratsuchenden besser erfaßt, überprüft und, wenn nötig, korrigiert werden.

Üblicherweise setzen wir im Pietismus wie selbstverständlich voraus, daß das bei Evangelisationen, in Gottesdiensten, Bibelstunden, Gemeinschaftsstunden, Hauskreisen usw. verkündigte Wort auch so verstanden wird, wie es der Verkündiger meint. Zumindest im Blick auf diejenigen Christen, die mit depressiven, angst- oder zwangssymptomatischen Störungen Seelsorge suchen, ist dies entschieden zu verneinen. Das gehörte Wort geht durch das Filter der einzelnen Persönlichkeit hindurch und wird dadurch verändert, oft genug sogar verzerrt.

Wir müssen davon ausgehen, daß der natürliche Mensch auch als Christ bleibend dazu neigt, seine Erlebniswelt möglichst einfach zu verstehen. Dafür ist ein eindimensionales Denken kennzeichnend. Es ist zu erkennen an der Tendenz, alles möglichst auf eine Ursache zurückzuführen, einmalige Erfahrungen zu verallgemeinern, komplizierte Dinge zu vereinfachen, Erfahrungen in Gegensätze und einander ausschließende Positionen einzuteilen (Schwarz-Weiß-Denken, Alles-oder-Nichts) usw. In diesem Zusammenhang ist auch die verständliche Neigung zu sehen, Erfahrungen des Glaubens in Entsprechung zu ähnlichen Erfahrungen aus der eigenen Vergangenheit zu interpretieren. So wird z.B. aus dem natürlichen Anerkennungsbedürfnis, das durch Leistung das Selbstwertgefühl zu steigern sucht, leicht ein gesetzlicher Glaube, der an der Einhaltung bestimmter Regeln seinen Wert abliest. In solcher Weise werden wir auch einseitige Gottesbilder zu verstehen haben, in denen Gott vor allem als Aufpasser, Oberbuchhalter, als Drücker oder auch als Droge gesehen wird (Kolbe 1988). Auch das Beispiel jener Christen, die ihre erste Aufgabe in der Aufopferung für andere sehen, dabei aber innerlich immer mehr zermürben und »ausbrennen«, muß mehr auf dem Hintergrund ihrer persönlichen Geschichte verstanden werden. Sie haben womöglich eine sehr entbehrungsreiche Kindheit erlebt, in der sie schon sehr früh erfuhren, daß sie nur dann wertvoll waren, wenn sie sich für andere einsetzten.

An dieser Stelle muß auch auf das weit verbreitete Mißverständnis von Bekehrung und Heiligung als einem statischen Zustand hingewiesen werden. Wer annimmt, daß mit seiner Bekehrung auch sein Sosein komplett in die Erneuerung einbezogen ist, versteht manche biblischen Aussagen (z.B. 2. Kor. 5,17) zu einfach. Nach biblischem Verständnis handelt es sich bei der Bekehrung wie bei der Heiligung um ein dynamisches Geschehen, das wir am besten im Sinne eines Lernprozesses fassen (was nicht heißt, daß es immer nur vorwärts ginge und Sündlosigkeit ein selbst zu verwirklichendes Ziel wäre!). Natürlich hat das Glaubensleben einen Anfang in der bewußten Abwendung von der bisherigen Lebenseinstellung. Aber diese Abwendung darf nun nicht im Formalen steckenbleiben, als ob es mit der Bekehrung »nur« darum ginge, bestimmte Verhaltensweisen und Untugenden nicht mehr auszuüben.

In die geistliche Erneuerung unter dem Anspruch, in Christus eine »neue Kreatur« zu sein (2. Kor. 5,17), müssen auch alle sonstigen Gewohnheiten, Einstellungen, Prägungen, Verhaltensweisen, die ganze (religiöse) Sozialisation einbezogen werden. Dies erfordert, daß man sich von der neuen Lebenseinstellung aus bewußt mit den alten Prägungen beschäftigt. Sie sind mit der neuen Einstellung zu vergleichen und notfalls zu korrigieren. Gerade dieser Vorgang bleibt aber oft genug aus. Der Abstand zwischen Ist und Soll, zwischen Wirklichkeitserfahrung und Glaubensideal wird dadurch u.U. unerträglich spannungsvoll. Wenn wir demgegenüber von einer statischen Sichtweise frei werden und mehr den Lernvorgang in den Blick bekommen, wird der Druck der scheinbar unerreichbaren Ideale leichter. Wir sind (ein Leben lang) am Lernen und müssen von daher nicht heute schon fertig sein!

Schließlich sei hier auch noch auf das Phänomen der »externen Kontrollüberzeugung« hingewiesen. Das englische »external locus of control« kennzeichnet im Unterschied zum »internal locus of control« den Ort, von dem aus eine Person ihr Leben kontrolliert versteht, also von äußeren Umständen, anderen Menschen, fremden Mächten usw. im Gegensatz zur eigenen, inneren Entscheidungskraft. So vertritt z.B. ein Mensch mit externer Kontrollüberzeugung Einstellungen wie: »Für ein Unglück, das mich trifft, bin ich nicht selbst verantwortlich«, »Ohne Beziehungen kann man nicht nach oben kommen«, »Man kann sich anstrengen, so sehr man will, man wird deshalb nicht mehr Erfolg haben«, »Es geschieht vieles, ohne daß man daran etwas ändern kann«, »Bei einer Entscheidung könnte man oft ebenso gut würfeln« usw. (vgl. Dieterich 1988, 156-159).

Auch jene schon erwähnten Christen, die sich mit Entscheidungen sehr schwer tun, haben wahrscheinlich eine ausgeprägte externe Kontrollüberzeugung in ihr Christsein mitgebracht. Statt zu handeln, verharren sie in der Passivität. Sie werden sich in dieser Haltung sicher durch all jene biblischen Aussagen bestätigt fühlen, die zu einem stillen und geduldigen Vertrauen auffordern (z.B. 2. Mo. 14,14; Jes. 30,15). Dort aber, wo andere biblische Aussagen den unmittelbaren Gehorsam und das konkrete Tun erwarten (z.B. Joh. 5,8), scheinen sie eher taub zu sein. So hört im Grunde jeder aus der Verkündigung das heraus, was ihn in seinem bereits verfestigten Selbstbild bestärkt, obwohl es auch manch andere, korrigierende Aussagen in der Bibel gibt. Die Bibel weist eben keine eindimensionale Struktur auf. Sie ist in ihren Aussagen vielschichtig und komplementär. Sie kann nicht einfach auf ein Schwarz-weiß- oder Alles-oder-Nichts-Schema reduziert werden. So ist z.B. das Gleichnis vom Schatz im Acker und der Perle (Mt. 13,44-46) nur auf das ausschließliche Heil in Jesus Christus zu beziehen. Umgekehrt macht Paulus im Bild des Leibes und seiner unterschiedlichen Glieder (1. Kor. 12,12ff) deutlich, daß es nicht nur eine wertvolle Gnadengabe gibt, sondern viele, und daß alle in ihrer Verschiedenartigkeit doch gleich wichtig sind, sich gegenseitig bedingen und ergänzen.

Um derartige Mißverständnisse im Hören der biblischen Botschaft zu vermeiden, ist zunächst einmal die allgemeine Verkündigung gefordert. Grundsätzlich wird man nüchtern davon ausgehen müssen, daß Mißverständnisse nur schwer vermieden werden können. Auf jeden Fall aber müssen wir unsere Verkündigung darauf überprüfen, wie weit wir selbst solchen Mißverständnissen durch klarere Formulierungen vorbeugen können.

So ist es eine Hilfe, wenn man die möglichen Reaktionen in der Verkündigung selbst schon vorwegnimmt. Umgekehrt aber können wir durch pauschale Aussagen solchen Mißverständnissen selbst Vorschub leisten. Z.B. läßt sich der immer wieder zu hörende Rat »Ein Christ darf im Leid nicht ›Warum‹ fragen! Er soll besser ›Wozu‹ fragen« biblisch nicht halten. Wir dürfen, wie es etwa manche Psalmen (z.B. Ps. 10,1.13; 22,2; 42,10; 43,2; 44,10.24.25; 74,1.11; 79,10; 88,15; 115,2) und auch Jesus selbst (Mt. 27,46) belegen, auch »Warum?« fragen. Nur gilt es, dabei nicht stehen zu bleiben.

Auch idealisierende Aussagen wie z.B. »Ein Christ ist immer im Dienst« oder »Ein Christ darf sich nicht sorgen« sollten vermieden werden. Zumindest ist eine unmißverständliche Deutung damit zu verbinden. Dazu ist es freilich nötig, daß auch der Verkündiger seine eigene Denkstruktur, ihre Stärken wie ihre Schwächen kennenlernt; ihre Wirkungen im Blick auf die Vermittlung seiner Anliegen an andere gilt es bei der Verkündigung zu berücksichtigen.

Über die öffentliche Verkündigung hinaus bedarf es,

will man dem einzelnen Betroffenen zu einem reifen Glauben und damit auch zu einem besser ausgeglichenen emotionalen Gleichgewicht verhelfen, vor allem der persönlichen Zuwendung in einem seelsorgerlichen Verhältnis. Freilich mögen solche Bemühungen oft wie ein »Tropfen auf den heißen Stein« erscheinen. In der Seelsorge ist jedoch nicht die therapeutische Wirkung auf die große Masse anzustreben. Es geht vielmehr ganz um den einzelnen, so wie sich auch Jesus der einzelnen annahm. Unsere Welt können wir durch noch so gute Ansichten und Anstrengungen nicht heilen und brauchen dennoch nicht zu verzagen.

Unter der Voraussetzung eines liebevollen Verstehens und Annehmens ist der Ratsuchende eher zum Umdenken und Neudenken bereit. So spricht die Aufforderung des Paulus »Ändert euch durch Erneuerung eures Sinnes« (Röm. 12,2) nach dem griechischen Wortlaut gezielt die persönliche Einstellung an. Wo diese geändert oder gar ausgetauscht wird, ist eine geistliche Erneuerung auch wissenschaftstheoretisch als Paradigmenwechsel zu verstehen (Kuhn 1976). Wie dies vor sich gehen kann, dafür gibt Jesus selbst z.B. im Gespräch unterwegs mit den Emmaus-Jüngern (Lk. 24,13ff) ein anschauliches Beispiel.

Daß der Ratsuchende etwas von der Barmherzigkeit Gottes erfährt, daß sie ihm aufgeht, wird dort nicht ausbleiben, wo es uns gelingt, ihn zu einem differenzierenden Nachdenken über sich selbst, seinen Glauben, sein Erleben, sein Bibelverständnis usw. anzuleiten. Es macht eben einen grundsätzlichen Unterschied aus, ob jemand zuerst eine innere Stimme, die ängstlich Nein sagt, überwinden zu müssen meint oder ob er von einem ausgesprochenen Ja ausgehen kann. Wo dieser Groschen der »Rechtfertigung des Gottlosen allein aus Gnade« fällt, ist dann auch eher die Bereitschaft gegeben, vergangene Erfahrungen und Einstellungen aufzudecken, zu überprüfen, zu korrigieren und die neue, befreite und befreiende Lebenseinstellung Schritt für Schritt einzuüben. Dazu muß der Betroffe-

ne freilich immer wieder ermutigt werden, weil Enttäu-
schungen zwangsläufig nicht ausbleiben. Im Glauben zu
wachsen und zu reifen, vertiefende Einsichten zu gewin-
nen, heißt eben auch, mit solchen deprimierenden Situationen nüchtern zu rechnen. An der menschlichen Ab-
gründigkeit ändert sich durch das Christsein nichts. Aber
sie ist dann umfangen von dem, auf den er sein ganzes Vertrauen setzt. Dadurch wird der Christ erfahren, daß Gott
ihm nicht nur etwas zumutet, Lasten auflädt, sondern ihm
auch etwas zutraut, daß er etwas kann, daß er nicht nur ein
Versager ist, sondern daß Gott ihn gebrauchen will, selbst
wenn seine »Leistung« in menschlichen Augen gering erscheinen mag. Er ist Gott wichtig, weil das Entscheidende
nicht sein Können oder Nichtkönnen ist, sondern Gottes Ja
zu ihm. So hat es Paulus ganz zentral erfahren und weitergegeben (2. Kor. 12,9). So kann auch der heutige Mensch
eine neue Fülle seines Lebens erleben, eine Weite, die seine
Enge lichtet, eine Hoffnung, die seinem Leben Sinn gibt.

Angesichts so vieler Christen heute, die solchen befrei-
ten und befreienden Glauben nicht zu kennen scheinen,
stehen wir nach wie vor in einer großen Herausforderung.
Keiner darf wegen seines Glaubens verachtet werden.
Auch der Christ mit einer »nur« extrinsischen Glaubensform ist in Gottes Augen wertvoll, und Gott nimmt sich
seiner barmherzig an. Christlicher Glaube in extrinsischer
Ausprägung tut sich zwar schwerer, aber auch hier gilt in
erster Linie das zugesprochene Wort der Gnade Gottes.
Die intrinsische Glaubensform, so sehr sie anzustreben
und zu fördern ist, darf deshalb nicht zum neuen, frommen
Leistungsmaßstab werden. Es ist keineswegs so, als ob erst
der intrinsische Glaube unser Heil schaffen würde. Die
Glaubensstärke ist nach Röm. 14 keine heilsentscheidende
Frage. Sonst wäre das reformatorische »sola gratia« wieder
auf den Kopf gestellt. Auch ist durchaus damit zu rechnen,
daß auch ein Christ mit einem reifen, intrinsischen Glauben psychisch krank werden kann. Die intrinsische Glaubensform stellt ja keinen statischen Zustand dar. Als feste

Überzeugung kann auch sie auf Dauer, wenn der Glaube nicht durch wechselnde Schwierigkeiten («Anfechtungen«) herausgefordert und dadurch aufgefrischt wird, wie selbstverständlich zur Tradition werden und zu Erstarrung führen. Kein Glaube kann sich vor Gewöhnung schützen, gehören Gewohnheiten doch zur Lebens- und Glaubensordnung. Wenn man so nicht mehr weiter denkt, kann aus einem intrinsischen Glauben tatsächlich ein extrinsischer werden, dem die »Durchschlagskraft«, die Lebendigkeit des Glaubens fehlt (vgl. Offb. 2,4; 3,1.15).

Dennoch: Die intrinsische Glaubensform im Sinne eines ganzheitlichen Glaubens, genauer gesagt die enge Vertrauensbeziehung zu unserem Herrn Jesus Christus, in die alle Bereiche unseres Lebens eingeschlossen werden, ist und bleibt ein wesentliches Glaubensziel in unserem Leben. Auf dieses Ziel hin bleiben wir unterwegs.

4. Literaturangaben

Allport, G.W.: Behavioral science, religion and mental health, Journal of Religion and Health, 2(1963), 187-197.

Allport, G.W.: Mental health: A generic attitude. Journal of Religion and Health, 4(1964), 7-21.

Beck, A.T.: Kognitive Therapie der Depression. München, Weinheim 1986.

Benson, P.L.; Spilka, B.P.: God-image as a function of self-esteem and locus of control. In: Malony, H.N.: Current Perspectives in the Psychology of Religion. Grand Rapids 1977.

Dieterich, M.: Wir brauchen Entspannung. Streß, Verspannung, Schlafstörungen und was man dagegen tun kann. Giessen, Basel 1988.

Dörr, A.: Religiosität und Depression. Eine empirisch-psychologische Untersuchung. Weinheim 1987.

Ellis, A.: Psychotherapy and atheistic values (A response to A.E. Bergin's Psychotherapy and religious values), Journal of Consulting and Clinical Psychology. 48(1980) 635-639.

Ellis, A.: Die rational-emotive Therapie. Das innere Selbstgespräch bei seelischen Problemen und seine Veränderung. München 1982.

Festinger, L.: Theorie der kognitiven Dissonanz. Bern, Stuttgart 1977.

Frankl, V.: Die Sinnfrage in der Psychotherapie. München 1981.

Hark, H.: Religiöse Neurosen, Ursachen und Heilung. Stuttgart 1984.

Heimbucher, K.: Zukunft durch Umkehr zur Bibel. In: ders.: Zukunft durch Umkehr. Gießen, Dillenburg 1989, 24-41.

Hole, G.: Der Glaube bei Depressiven. Stuttgart 1977.

Ders.: Psychiatrie und Religion. In: Die Psychologie des 20. Jahrhunderts, X. Zürich 1980.

Jaeggi, E.: Kognitive Verhaltenstherapie. Kritik und Neubestimmung eines aktuellen Konzepts. Weinheim,Basel 1979.

Kolbe, C.: Wenn Glaube krank macht . . . Schritte 4(1988),8-13.

Kuhn, T.S.: Die Struktur wissenschaftlicher Revolutionen. Frankfurt/M. 1976.

Lazarus, A.A.: Verhaltenstherapie im Übergang. Breitbandmethoden für die Praxis. München, Basel 1978.

Meichenbaum, D.: Cognitive-behavior modification. An integrative approach. New York 1977.

Schaetzing, E.: Die ekklesiogenen Neurosen, Wege zum Menschen 7(1955).

Schmidt-Rost, R.: Religion und Depressivität. Ein theologischer Gesprächsbeitrag. In Dörr, A.: Religiosität und Depression, S. 111-117.

Shaver, P.; Lenauer, M.; Sadd, S.: Religiousness, conversion and subjective well-being: The »healthy-minded« religion of modern american women. American Journal of Psychiatry, 137(1980), 1563-1568.

Thomas, K.: Ekklesiogene Neurosen. In: Arnold/ Eysenck/ Meili: Lexikon der Psychologie. Band 1. Freiburg 1987. Sp. 447f.

Watzlawick, P.; Beavin, J.H.; Jackson, D.D.: Menschliche Kommunikation. Formen, Störungen, Paradoxien. Bern, Stuttgart, Wien 1969.

Wright, J.H.; Beck, A.T.: Kognitive Therapie. In: Sulz, S.K.D. (Hg.): Verständnis und Therapie der Depression. München, Basel 1986.

II. Ein Beitrag aus psychoanalytischer Sicht

Heinrich von Knorre

1. Was heißt »seelisch gesunder Glaube«?

Der Psychoanalytiker Norbert Scholl hat nachgewiesen (1980), wie sehr der christliche Glaube eines Menschen an dessen Stärken und krankhaften Schwächen teilnimmt. Aufgabe dieses Beitrags ist es, einigen seelischen Krankheitsformen christlicher Glaubensverwirklichung nachzuspüren und sie einem etwas tieferen Verständnis näherzubringen.

Dabei möchte ich zunächst auf einige der wenigen Psychoanalytiker eingehen, die sich in den letzten Jahren und Jahrzehnten um eine fruchtbare Ergänzung von Theorie und Psychoanalyse bemühten. Da wäre der Münchner Psychoanalytiker Albert Görres zu nennen, der meinte, alles, was Vernunft und Gewissen anerkennen müsse, spräche für – und nichts Haltbares gegen den Glauben (Hoppe 1985,29).

Der Psychoanalytiker Norbert Scholl (7) hat mit seinem Büchlein »Kleine Psychoanalyse christlicher Glaubenspraxis« (1980) eine recht hilfreiche Schrift vorgelegt, in der er, aus seiner Praxis berichtend, verdeutlicht, wie »vieles, was als christlicher Glaube ausgegeben wird, in Wahrheit menschlich-allzumenschliches Denken, Hoffen und Fürchten zum Ausdruck bringt. Glaube kann mißbraucht werden – ob bewußt oder unbewußt – zum Aufbau von neurotischen Symptomen; Glaubensvollzug kann Kaschierung von Infantilismus, Ideologie, Projektionen, Aggressionen, Ängsten und Schuldkomplexen sein. Es gibt fast kein neurotisches Symptom, das nicht in irgendeiner

Weise unter den vielfältigen Formen christlicher Glaubenspraxis sich tarnen und verbergen kann; und umgekehrt: Es gibt so gut wie keine Störungen im religiösen Bereich, die nicht auch andere Daseinsbereiche des Menschen in Mitleidenschaft ziehen könnten. Glaube kann sowohl Subjekt als auch Objekt psychischer Krankheiten und Krankheitserscheinungen sein.«

Was christlicher Glaube im eigenen Leben ändern kann, hat der Schweizer Psychoanalytiker Karl Guido Rey (1982) in seinem Buch »Neuer Mensch auf schwachen Füßen« autobiographisch und an Hand von Behandlungsausschnitten dargestellt. Mich hat dieses Buch durch seine Ehrlichkeit und Authentizität beeindruckt.

Der deutsch-amerikanische Psychoanalytiker Klaus Hoppe hat in seinem Buch »Gewissen, Gott und Leidenschaft« über die Behandlung katholischer Kleriker – Priester, Mönche und Nonnen – in sehr einfühlsamer Weise berichtet (1985). Die in seinem Buch geschilderten ausführlichen Behandlungsberichte ermöglichen den Nachvollzug seiner Behandlungstechnik.

Der Schweizer Arzt Paul Tournier ist nicht Analytiker, hat aber in vielen Vorträgen und Büchern sich um die Beziehung von Glauben und Psychotherapie bemüht. Tournier kommt von der moralischen Aufrüstung her, er hat sich aber zunehmend für psychodynamische Zusammenhänge geöffnet. Ich finde vieles in seinen Büchern bedenkenswert und empfehle manche seiner Werke im Rahmen von Behandlungen in der Klinik (vgl. u.a. 1959, 1979, 1980, 1981).

2. Was sind eigentlich »ekklesiogene Neurosen«?

Mit diesem Begriff bezeichnete der Berliner Frauenarzt Eberhard Schaetzing in seinem Artikel in der Zeitschrift »Wege zum Menschen« (1955) eine seelische Fehlhaltung, die er in christlichen Kreisen beobachtete. Das griechische

Wort »ekklesia« bedeutet die Auserwählten, die Kirche, die Gemeinde. Oft ist in diesen Kreisen eine gesetzliche und leibfeindliche Erziehung verbreitet, die besonders in den Fragen der Geschlechtlichkeit von dem Grundsatz des Tabuisierens ausgeht. Mit dem Tabuisieren ist das gleichzeitige Verschweigen, Verbieten und Bedrohen gemeint. Der Artikel von E. Schaetzing ist ein mit großer Intensität und ebensolchem Engagement vorgetragenes Thesenpapier aus dem Blickwinkel eines sich christlich verstehenden Frauenarztes. Schaetzing ist betroffen von dem Dogmatismus in kirchlichen Kreisen in sexuellen Dingen.

Es ist sicher viel Wahres an Schaetzings Aussagen. Mir fehlt aber ein Verständnis für historisches Gewordensein christlicher und pseudochristlicher Haltungen und ein Abwägen verschiedener Standpunkte, vor allem aber die Berücksichtigung wichtiger neurosenpsychologischer Gesichtspunkte.

Schaetzing ist so sicher in seinen Aussagen, daß ich den Eindruck gewinne, hier schlägt das Pendel zur anderen Seite aus. Der Artikel hat in der Folgezeit viele Diskussionen zur Folge gehabt.

In seiner Entgegnung auf Schaetzing hat Theodor Bovet auf die allzustarken Verallgemeinerungen hingewiesen (1955), die in Ausdrücken wie »unduldsame Erziehungsbeflissene, geistig minderbemittelte Fanatiker, gedankenlos handelnde Geistliche« zum Ausdruck kommt. Er hebt dann noch den »irritierten und irritierenden Ton« des Aufsatzes hervor, der irgendein persönliches Ressentiment des Verfassers gegen eine »ekklesia« vermuten läßt. Insgesamt scheint Bovet aber das Positive im Artikel weit wichtiger zu sein als die erwähnten Fehler – und er hebt besonders auf die herausgearbeitete Verdrehung des Evangeliums zur Morallehre ab, die nicht abzustreiten ist. Der Schaetzingsche Begriff der »ekklesiogenen Neurosen« hat ursprünglich nur Fehlhaltungen im Bereich der Sexualität im Auge gehabt. Er ist in der Folgezeit auf typische seelische Fehlhaltungen in christlichen Kreisen erweitert worden. In diesem erweiterten Sinne gebrauche ich ihn in diesem Aufsatz. Insofern spreche ich von der »Gruppe der ekklesiogenen Neurosen«. Der Berliner Arzt und Theologe Klaus Thomas hat in verschiedenen Publikationen, so auch in seinem Handbuch zur Selbstmordverhütung (1964), die ekklesiogenen Neurosen in ihrer Bedeutsamkeit herausgestellt und durch viele Fallbeispiele erläutert. Er schätzt, daß etwa 10% aller Neurotiker an ekklesiogenen Neurosen leiden.

Aufgrund meiner jahrzehntelangen Tätigkeit an der Klinik Hohe Mark in Oberursel, wohin besonders viele Christen mit seelischen Problemen kommen, erscheint mir diese Zahl doch sehr hoch, auch wenn ich keine eigenen statistischen Untersuchungen vorlegen kann. Bestätigen kann ich aber die Häufigkeit sexueller Störungen in christlichen Kreisen, auch wenn ich die sexuellen Störungen in nicht geringer Zahl auch bei nichtgläubigen Menschen beobachte.

Es scheint ferner aufgrund meiner Erfahrungen eine Engführung zu sein, die seelischen Störungen in christlichen Kreisen vor allem nur in sexuellen Ursachen zu suchen. Oft wird christlicher Glaube beispielsweise ideologisch-moralisch pervertiert. Viele gläubige Menschen bauen sich ein eigenes christliches Gebäude auf, das sie vor allen möglichen Ängsten schützt.

Des weiteren erscheint es mir fragwürdig, ob man den Neurosenbegriff für seelische Störungen in einer bestimmten soziologischen Gruppe – den Christen – anwenden kann. Unter Neurose verstehe ich als tiefenpsychologisch tätiger Psychotherapeut einen unbewußten Konflikt zwischen triebhaften und sozialen Impulsen – analytisch gesprochen einen Es-Überich-Konflikts, der seinen Ursprung in der frühen Kindheit hat. Von solch einer Neurosendefinition ausgehend ist es dann aber schwer, die typischen seelischen Störungen in den christlichen Kreisen mit dem Begriff der ekklesiogenen Neurose zu bezeichnen. Wir haben andererseits bis heute keinen besseren Begriff, und so verwende ich den Begriff der ekklesiogenen Neurosen, auch wenn es sich hierbei um kein einheitliches Krankheitsbild handelt. Gemeinsam ist den ekklesiogenen Neurosen nur das Auftreten in christlichen Gruppierungen.

3. Häufige Symptome und einige psychodynamische Mechanismen.

Es handelt sich zumeist um gehemmte Patienten, denen der Gang zum Psychotherapeuten noch schwerer fällt als nicht christlich geprägten Patienten, da sie zunächst befürchten, damit ihren christlichen Glauben zu verraten. Die meisten vertreten die Ansicht, seelisches Kranksein deute auf ihren mangelnden Glauben hin. Depressive Symptome überwiegen. Häufig kommen auch zwanghafte Symptome vor, nicht ganz so häufig hysterische. Schizoide Symptome sind deutlich seltener. Angstneurosen und frühe Störungen, also narzißtische und Borderline-Persönlichkeitsstörungen beobachten wir in der Klinik in zunehmender Zahl.

Wenn wir nun konkreter fragen, welche Konfliktfelder wir häufiger bei christlichen Patienten mit seelischen Störungen vorfinden, dann möchte ich folgende herausgreifen (vgl. Scholl 1980):

Verlagerung und Verschiebung

Verlagerung und Verschiebung nicht christlicher Probleme auf den religiösen Bereich – und umgekehrt, die Manifestation kirchlich-religiöser Probleme im profanen Bereich.

Häufig erleben wir in der Klinik, daß Menschen mit einer endogenen Depression der Meinung sind, sie hätten ihren Glauben verloren – ein Beispiel für die Verlagerung einer nichtreligiösen Krankheitsursache in den religiösen Bereich. In diesen Zusammenhang gehört auch, daß neurotische Eltern ihre Kinder neurotisieren und beispielsweise ein überstrenger Vater das Bild eines nur strafenden Gottes wecken kann – aber nicht muß. Freud ist ja auf diese Zusammenhänge ausführlich eingegangen.

Religiöse Erlebnisse

Sogenannte »religiöse Erlebnisse«, z.B. Visionen, haben einen komplexen Ursprung, bei dem wir psychische und auch physiologische Vorgänge im Körper zu beachten haben. Thomas schreibt (1964) : »Religiöse Erlebnisse sind untrennbar mit chemischen (und auch elektrischen) Vorgängen im Gehirn verbunden.« Es gilt aber auch zugleich, die persönliche Vorgeschichte des Betreffenden, seine kulturelle Umwelt, seine Erziehung und Bildung, seine Vorerlebnisse, Krankheiten, seelischen Erschütterungen, seine psychische Gesamtstruktur nicht aus dem Auge zu verlieren, ohne daß diese allein schon die Erklärung für ein religiöses Erlebnis liefern.

Es ergibt sich nun die Frage, welchen Stellenwert religiöse Erfahrungen im christlichen Glauben haben. Ist es wirklich so, daß Menschen, die solche oder ähnliche Erfahrungen gemacht haben oder machen, bessere oder frömmere Christen sind und damit enger mit Gott verbunden sind? Scholl verweist mit Recht darauf (1980), daß im Neuen Testament religiöse Erlebnisse nicht als ein Zeichen besonderer Auserwählung und Heiligkeit angesehen werden. Eine religiöse Erfahrung im Sinne des christlichen Glaubens macht nicht jener, der sich von Gefühlen oder vagen Erlebnissen leiten läßt, sondern jener, der für »Gott Frucht bringt« (Röm. 7,4). Diese Früchte aber sind: »Liebe, Freude, Friede, Langmut, Freundlichkeit, Güte, Treue, Sanftmut, Enthaltsamkeit« (Gal. 5,22). Die Fruchtbarkeit im Alltag und für den Alltag ist das Kriterium, das der Christ für die »Echtheit« religiöser Erfahrungen vorzuweisen hat.

Infantilismus

Unter Infantilismus fasse ich Fixierung und Regression zusammen. Fixierung meint ja das Hängenbleiben in einer Entwicklungsphase, Regression umfaßt jene Prozesse, die zu einer Rückwärtsentwicklung in der seelischen Entwicklung, meist in einer Belastungssituation, führen.

Im christlichen Bereich findet sich häufig eine unangemessene Bescheidenheit, so z.B. in der Aussage: Das alles ist nicht christlich, und so brauchen wir uns damit nicht zu beschäftigen. Es wird nicht gewagt, »hinaus ins feindliche Leben« zu gehen aus Angst vor den Gefahren, die sich daraus für das geistliche Leben ergeben könnten. Eine derartige Haltung erwächst oft aus einer Erziehung, bei der »Folgsamkeit und Gehorsam« als oberstes Gebot für Kinder hingestellt werden. So wachsen Christen in einer Ghettosituation auf und stehen in Gefahr, darin zu verharren. Solche Christen haben nicht gelernt, Freiheit und Verantwortung zu tragen.

Häufig findet man in christlichen Kreisen Identifikationsprobleme. Der natürlichen Identifikation in der Jugendzeit folgt keine oder eine nur zu geringe Lockerung der Identifikation beim Älterwerden.

»Aus Furcht, den anderen Schmerzen oder Leid zuzufügen, unterbleibt die Auseinander-Setzung.« Rudin (vgl. Scholl 1980) schreibt: »Das wahre Ich scheint nur in dem ständigen Polarisationsprozeß von Identifizierung und ihrer Lockerung, von Nähe und Distanz zum Selbststand kommen zu können.« Worum es nicht geht, hat der französische Literat Ferdinand Brunetière (vgl. Scholl 1980) plastisch so ausgedrückt: »Was ich glaube, das erfahren sie in Rom.«

Vom Infantilismus abzugrenzen ist eine echte kindliche Gläubigkeit. Kindlich und infantil sind zwar synonyme Wörter, doch ist mit kindlichem Glauben etwas anderes gemeint als mit infantilem Glauben. Der Ausdruck »kindlicher Glaube« bezieht sich auf das oft mißverstandene

Wort Jesu: »Wenn ihr nicht umkehrt und werdet wie die Kinder, könnt ihr nicht in das Himmelreich kommen«(Matth. 18,3). »Kinderglaube ist das genaue Gegenteil vom infantilen Glauben. Die Reife dieses Glaubens besteht im Vertrauen auf die Führung jenes Gottes, der vom Volk Israel als der ›Ich bin da‹ (Jahwe) erkannt und von Jesus als ›Abba‹ (Papa) angeredet wurde. Kindlicher Glaube äußert sich . . . in Spontaneität und Entdeckungsfreude, in Phantasie und Formenreichtum, in Freude und heiterer Unbeschwertheit, in unermüdlicher Bereitschaft zum Neubeginn und Aufbruch« (Scholl 1980).

Ideologisierung des Glaubens

Je unreifer ein Mensch ist, desto mehr braucht er eine Sicherheit, die ihm von außen gegeben wird. Christlicher Glaube kann als eine solche Sicherheit, ein Bollwerk, mißverstanden werden. Christlicher Glaube möchte Menschen ein Fundament für ihr Leben vermitteln. Es handelt sich hier aber nicht um eine Sicherheit, mit der ich heute schon den Himmel auf Erden habe. Paul Matussek, der sich in vielen Publikationen zu Ideologisierung aus psychoanalytischer Sicht geäußert hat, hat folgende Merkmale zur Diagnose einer persönlichen Ideologie aufgestellt (Egenter, Matussek 1965):

1. Weltanschauung wird missionarisch vertreten – Hang zum Predigen und Belehren.
2. Intoleranz anderer Weltanschauungen gegenüber.
3. Andere Weltanschauungen werden grundsätzlich abgewertet.
4. Starres Befolgen äußerer Gesetze und Vorschriften – autoritätsbestimmtes Gewissen.
5. Enge des sittlichen Bewußtseins, Tendenz zum Rigorismus.
6. Überlegenheitsgefühl über andere, besonders über Mitglieder anderer Weltanschauungen.
7. Hang zu Besserwisserei und Rechthaberei.

8. Empfindlichkeit gegenüber Kritik an eigener Person.
9. Tendenz zu Konflikten mit Vorgesetzten.
10. Distanzierte Einstellung zum Mitmenschen. Tendenz zum Sonderling.
11. Kontakt wird hauptsächlich über die gemeinsame Weltanschauung hergestellt. Hierdurch kann starker Kontakt erreicht werden.
12. Schwierigkeiten im emotionalen Nahkontakt (besonders in der Ehe).

Scholl betont (1980), daß das »Vertrackte an der Problematik ideologischen Glaubens die Tatsache« ist, »daß gerade jene Menschen dafür besonders anfällig sind, die aufgrund ihres Lebensalters oder ihrer retardierten Persönlichkeitsentwicklung noch nicht zur Reife gelangt sein können«.

Sexualität

Frage ich christliche Patienten, die neu zu mir kommen, nach ihrem Verhältnis zur Sexualität, dann erhalte ich zumeist Antworten, die hier zunächst keine größeren Probleme vermuten lassen. Die Patienten geben sich meist aufgeklärt. Erst mit zunehmendem Vertrauen können dann Schwierigkeiten offenbart werden, oder wir kommen in anderem Zusammenhang auf ihre Angst im triebhaften Bereich zu sprechen. Es findet sich im Grunde das ganze Spektrum sexueller Abweichungen, das auch von anderen Patienten her bekannt ist: Onanieprobleme, lesbische Beziehungen und eheliche Seitensprünge kommen dann häufig zur Sprache.

Beim Besprechen der Einstellung zur Sexualität beeindruckt immer wieder, wie sehr die Meinung des Pastors oder »Das ist doch christlich« meine Patienten bestimmt. Frage ich sie, ob sie schon gezielt die Bibel mit Hilfe einer Konkordanz zum Thema gelesen haben, dann ist mir das fast nie begegnet. Auch hatten sie sich sonst kaum mit christlicher oder weltlicher Aufklärungsliteratur auseinandergesetzt. Christlicher Glaube wird sehr häufig als etwas angesehen, wo es feste Normen gibt, wie eine Ehe oder Partnerschaft auszusehen habe. Entweder wird dieses Gefüge ungeprüft übernommen, oder Patienten rebellieren gegen diese Normen.

Schließlich seien hier noch Projektionen, Aggressionen, Angstbilder und Schuldgefühle zu erwähnen, die alle eine Rolle spielen, auf die ich aber aus Platzgründen nicht weiter eingehen kann.

4. Therapeutische Gesichtspunkte

Es ist wichtig, daß der Therapeut weiß, daß der Patient häufig mit einer bestimmten Angst zu ihm kommt: »Er will mir mit Hilfe der Therapie den Glauben nehmen.« Ja, der Patient befürchtet, die Konsequenz der Therapie sei, ihm die Haltlosigkeit seines Glaubens auf »therapeutische Weise« zu demonstrieren.

So erscheint es angebracht, diese Angst recht bald in den Mittelpunkt der Gespräche zu rücken. Der Therapeut sollte erklären, wie er – als Therapeut – mit Glaubensproblemen umgehen wird. Damit ist dann der weite Raum abgesteckt, innerhalb dessen die weiteren therapeutischen Schritte getan werden können.

Welcher Konfliktbereich danach zu bearbeiten ist, hängt von den vorherrschenden Abwehrmechanismen ab.

Hoppe verweist dabei auf die Gefahren einer Überidentifikation des Therapeuten mit dem Patienten, die es dem Patienten schwer macht, in seiner spezifischen Situation seinen eigenen Weg zu finden (Hoppe 1985,29). Umgekehrt verhindert aber auch eine zu geringe Beachtung der geistlichen-theologischen Gesichtspunkte, daß der Patient sich in seiner besonderen Situation vom Therapeuten verstanden fühlt. Der Therapeut steht somit vor einer schwierigen Gratwanderung.

So wie wir von psychotherapeutischer Seite meist nicht die gesamte medizinisch-pharmakologische Behandlung übernehmen – also nicht zugleich der Hausarzt des Patienten sind –, erscheint die Einschaltung eines Seelsorgers oft hilfreich. Die Hinzuziehung eines Theologen kann zwar Spaltungstendenzen fördern, sie kann aber auch dem Patienten die Übernahme von Eigenverantwortung für eigene Schritte und Entscheidungen erleichtern – wenn beide nicht gegeneinander ausgespielt werden. Zugleich wehrt diese Einstellung Wünsche nach einem magischen Priesterarzt ab, die bei der Therapie häufiger auftauchen.

5. Literaturangaben

Bovet, Th.: »Ekklesiogene Neurosen«, In: Wege zum Menschen. (1955),7,265-268.

Egenter, R.; P. Matussek: Ideologie, Glaube und Gewissen. Diskussion an der Grenze zwischen Moraltheologie und Psychotherapie. München 1965.

Hoppe, Klaus D.: Gewissen, Gott und Leidenschaft. Stuttgart 1985.

Rey, K.G.: Neuer Mensch auf schwachen Füßen. Erfahrungen eines Psychoanalytikers mit Gott. München 1982.

Schaetzing, E.: Die ekklesiogenen Neurosen. In: Wege zum Menschen 7(1955), 97-108.

Scholl, N.: Kleine Psychoanalyse christlicher Glaubenspraxis. München 1980.

Thomas, K.: Handbuch der Selbstmordverhütung. Stuttgart 1964, 299-331.

Tournier, P.: Echtes und falsches Schuldgefühl. Zürich 1959.

Tournier, P.: Geborgenheit, Sehnsucht des Menschen. Berlin o.J. (Humata Verlag).

Tournier, P.: Aggression, Kraft zum Guten, Kraft zum Bösen. Wuppertal 1979.

Tournier, P.: Die Starken und die Schwachen. Freiburg 1980.

Tournier, P.: Rückkehr zum Weiblichen. Werden Frauen unsere Welt wieder menschlicher machen? Freiburg 1981.

III. Frühe Kindheitserfahrungen und mögliche Folgen für das Glaubensleben

Michael Dieterich

1. Zur Bedeutsamkeit der »ekklesiogenen Neurosen«

Wenn ein Mensch Anzeichen seelischer Störungen zeigt und sich dazu noch als fromm erweist, ist man nicht nur unter Laien, sondern auch in Fachkreisen mit der Diagnose auffällig schnell bei der Hand: »ekklesiogene Neurose«. Wir haben als Christen die von Schaetzing (1955) geprägte Krankheitsbeschreibung viel zu schnell akzeptiert, denn eine ganze Reihe von Gründen sprechen dagegen.

a) Häufig wird »ekklesiogen« nicht korrekt übersetzt und so verstanden, als sei die seelische Störung »durch die Lehre der Bibel bedingt«. Dies ist sicherlich falsch. Das Evangelium ist der Weg zum Heil und nicht zu seelischen Störungen. Wird »ekklesiogen« in diesem Sinn verstanden, handelt es sich um einen falschen Ansatz zur Erklärung eines Phänomens, das, wie wir weiter unten sehen werden, durchaus nachweisbar ist.

»Ekklesiogen« bedeutet ja wörtlich übersetzt »durch die herausgerufene Gemeinde (ekklesia) bedingt« und meint damit, daß die Gemeinschaft der Gläubigen oder eine von ihr vertretene Ansicht Ursache möglicher Störungen ist. Auch diese korrekter übersetzte Beschreibung der eventuellen Hintergründe psychischer Störungen ist zumindest sehr einseitig, wenn nicht gar falsch. Zum einen, weil es keine biblischen Befunde dafür gibt, daß die nach den Ordnungen des Evangeliums strukturierte lebendige Gemeinde (z.B. im Sinne von Paulus nach 1. Tim. 2 – 5) die Ursache für Störungen sein könnte. Im Gegenteil, das einzelne

Glied wächst in der Gemeinde, und die Gemeinschaft steht nach Apg. 2,42 neben Lehre, Brotbrechen und Gebet. Zum anderen, weil eine durch eine einzige Ursache bedingte seelische Störung, wie wir weiter unten sehen werden, äußerst selten ist.

Neben möglichen Mißständen, die durch die Verfehlungen einzelner Gemeindeglieder (und einer sich eventuell dadurch ergebenden verzerrten Gemeindestruktur, die dann aber nicht mehr den Ordnungen des Neuen Testaments entspricht) bedingt sind – und die die Bibel auch ungeschminkt beschreibt –, kennen wir auch Schäden, die außerhalb der Gemeinde z.B. als Folge einer falschen Erziehung in Elternhaus und Schule entstanden sind und die von Ärzten und Psychotherapeuten nicht selten als »ekklesiogen« beschrieben werden. Warum sollte bei Erziehungsfehlern die Erziehung zum Glauben ausgenommen sein?

Ein alleiniges Beziehen auf die Gemeindestruktur ist demnach ebenso falsch wie der Versuch, die religiöse Erziehung pauschal für Störungen verantwortlich zu machen: Die Beschreibung einer seelischen Störung im religiösen Umfeld als »ekklesiogene« Neurose ist also auch semantisch nicht angemessen.

b) Aber auch das Krankheitsbild der »Neurose« kann, entsprechend den neueren diagnostischen Erkenntnissen nicht mehr uneingeschränkt gebraucht werden. Es hat sich eingebürgert, hiermit krankhafte körperliche Zustände zu beschreiben, die ihren Hintergrund in äußerlich (exogen) bedingten »Gleichgewichtsstörungen« in der Lebensgeschichte des Menschen haben. Aber man darf dabei nicht übersehen, daß durch eine derartige Beschreibung bereits eine bestimmte tiefenpsychologische Schule – und damit auch ein Therapiekonzept – transportiert wird. Sind ekklesiogene Neurosen dann »Schicht-« oder »Kernneurosen«, d.h. bewegen sie sich eher an der Oberfläche, sind irgendwelchen Lebensumständen zuzuordnen und damit als

»leicht« einzustufen? Oder handelt es sich um tiefergehende Störungen, die den ganzen Menschen auf dem Hintergrund seiner frühkindlichen Entwicklung und dadurch erworbenen Persönlichkeitsstruktur betreffen und die bei einer oberflächlichen Betrachtung eher undurchsichtig erscheinen?

Gewiß, beide Hintergründe kann es geben. Es wäre aber fatal, würde man hier vorschnell eine Einteilung in zwei Klassen vornehmen. Vorab sollte überprüft werden, ob die gebrauchten Termini nicht nur leere Begriffshülsen sind, die zwar dem Diagnostiker eine rasche Einteilung ermöglichen, die jedoch mit der Realität nicht oder nur oberflächlich übereinstimmt, so daß ein klares therapeutisches Konzept hiervon nicht abgeleitet werden kann.

Der Neurosebegriff impliziert auch, daß auf alle Fälle nach einer Ursache im Hintergrund gesucht werden muß, die bestimmend ist für das Erleben im Hier und Jetzt . Was aber, wenn diese Ursache so eindeutig gar nicht auszumachen ist, wenn der Wunsch des Ratsuchenden und des Therapeuten bzw. Seelsorgers, die entsprechenden »Wenn-dann-Beziehungen« festzumachen, nur durch die Art ihres Denkens begründet ist? Wenn die Bibel und mit ihr auch die modernen Natur- und Sozialwissenschaften das Kausaldenken dem Systemdenken nachordnen? Es könnte ja durchaus denkbar sein, daß ein ganzes Beziehungsgeflecht, ein »System«, mit der gegenwärtigen Störung zusammenhängt, daß es eine Vielzahl von Parametern (beispielsweise Eltern, Gemeinde, Schule, peer-group usw.) sind, die das Hier und Jetzt bestimmen – und eben nicht nur eine einzige Ursache im Sinne der Monokausalität. Auch ist es ohne weiteres möglich, daß nicht nur die Ursache zur Wirkung, sondern die Wirkung selbst wiederum zur Ursache wird im Sinne eines geschlossenen Regelkreises.

Fazit: Auch der Begriff der Neurose ist fragwürdig geworden. Nicht aber das eigentliche Problem und die damit verbundene Fragestellung nach frühkindlichen Erfahrungen und den Zusammenhängen mit dem Glaubensleben!

Will man den bis heute immer wieder verwendeten Terminus der »ekklesiogenen Neurose« präziser beschreiben, müßte man korrekterweise von seelischen Störungen, die im besonderen Umfeld der christlichen Gemeinde entstanden sind, sprechen.

c) Man muß jedoch, wenn man schwerpunktmäßig von den möglicherweise krankmachenden Hintergründen im Leben eines Christen spricht, auf die Maßstäbe achten. Jesus Christus hat für unzählige Menschen einen so einzigartigen Neuanfang ermöglicht, daß »die Welt die Bücher nicht fassen würde, die zu schreiben wären.« (Joh. 21,25). Es sollte deshalb bei allen nachfolgenden Betrachtungen immer wieder bedacht werden, daß Jesus Christus das Heil gebracht hat; die Zahl derjenigen Christen, die im Umfeld ihres Glaubenslebens durch irgendwelche Umstände Schaden davongetragen haben, steht in keinem Verhältnis zu der Zahl derjenigen, die gesund geworden sind.

2. Hintergründe für psychische Störungen bei Christen – ein ganzheitliches Konzept

Tatsächlich gibt es Kindheitserfahrungen, die das Glaubensleben positiv, aber auch negativ beeinflussen können.

Es sind überwiegend Lernprozesse, die zu einer »religiösen Haltung« führen. Zur Erklärung der Glaubensdimension sind jedoch innerweltliche Hintergründe nicht hinreichend. Wir müssen hierzu einen weiteren Blickwinkel haben.

Zur Diagnostik kann die nachfolgende Abbildung 1 herangezogen werden. Sie zeigt, daß psychische Störungen, wenn man sie ganzheitlich sieht, unter einem dreifachen Aspekt betrachtet werden müssen.

Abbildung 1: *Aspekte seelischer Störungen*

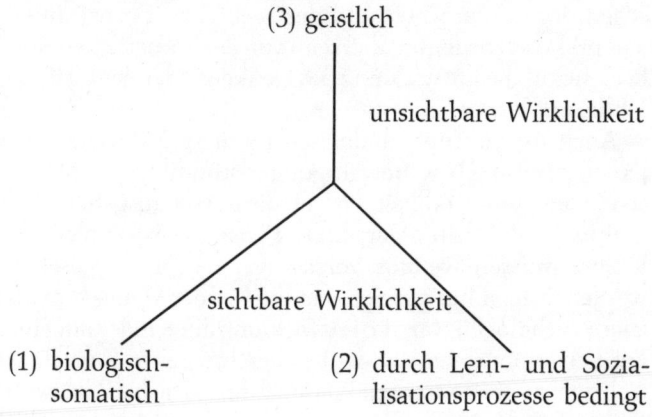

(3) geistlich

unsichtbare Wirklichkeit

sichtbare Wirklichkeit

(1) biologisch-
somatisch

(2) durch Lern- und Sozia-
lisationsprozesse bedingt

Es ist sinnvoll, bei der Diagnostik die Reihenfolge 1 bis 3 nacheinander zu überprüfen. Wir wollen diesen Weg nachfolgend beschreiben.

Psychische Störungen auf biologisch-somatischem Hintergrund

Dies sind, bezogen auf unser Thema, Entwicklungsstörungen, die durch Vererbung oder durch Erkrankung entstanden sind. Ein Beispiel hierfür ist die Hyperaktivität mancher Kinder, die durch eine minimale cerebrale Dysfunktion entstanden sein kann, und die man auf dieser Ebene beispielsweise durch phosphatarme Diät zu beheben sucht.

Vorsicht ist jedoch angebracht, wenn man zu schnell auf Vererbung tippt. Es gibt, so haben die neueren Untersuchungen recht deutlich gezeigt, zwar einen deutlichen Zusammenhang zwischen den äußerlichen Körpermerkmalen von Eltern und Großeltern und dem Kind. Weitaus geringer ist dieser jedoch beim Denken, Lernen, Sprechen – also den kognitiven Fähigkeiten. Zu deren Entwicklung spielen Umwelteinflüsse eine zumindest ebenso große Rolle.

Eher ablehnen muß man mit den derzeitigen Forschungsergebnissen auch die engen Zusammenhänge zwischen der körperlichen und der seelischen Entwicklung, was praktisch bedeutet, daß man von der körperlichen Reife nicht auf die Entwicklung des Denkens oder der Gefühle schließen darf.

Auch die tiefenpsychologisch fundierten Ansätze zur Durcharbeitung bzw. Bewältigung bestimmter Sexualphasen (anale, orale, ödipale Phase), die davon ausgehen, daß man womöglich in einer dieser Phasen »steckenbleiben« könne, müssen weitaus vorsichtiger als bisher gesehen werden. Kagan hat gezeigt, daß es eher der Wunsch mancher Psychologen war, die Entwicklung des Kindes auf eine Formel im Sinne der weiter oben beschriebenen Kausalität zu bringen, der zu solchen Phasen führte. Die beispielsweise von Freud oder Erikson erwarteten Phasen müssen also nicht unbedingt bei jedem Kind so erlebt bzw. können ohne Schwierigkeiten auch übersprungen werden – und es kann sich dennoch eine reife Persönlichkeit entwickeln.

Es gibt sehr viele Kinder, die trotz widrigster Verhältnisse im Elternhaus gesunde und harmonische Persönlichkeiten geworden sind. Einfache Ursache-Wirkungszusammenhänge für seelische Störungen können in aller Regel nicht nachgewiesen werden.

Psychische Störungen auf dem Hintergrund von Lernprozessen

Jetzt werden die auf dem zweiten Strahl der Abbildung 1 angesiedelten Hintergründe beschrieben.

Frühe Kindheitserfahrungen führen zu Lernprozessen, die, da in sehr sensiblen Zeiten erfahren, starke Prägungen hinterlassen können. Praktisch alle Schulen der Psychotherapie arbeiten auf einem derartigen Lernhintergrund. Ob dies nun ein »Einsichtig-Machen« und »Durcharbeiten« ist oder ein »Löschen« und »Gegenkonditionieren« – es geht dabei um Lern- bzw. Verlernprozesse. Gewünscht wird ein anderes (gesundes bzw. weniger gestörtes) Verhalten.

Die Lernpsychologie hat »Lernen« als eine »überdauernde Verhaltensänderung« definiert – und genau das ist es, was wir häufig in der Psychotherapie oder auch in der Seelsorge erreichen wollen.

In den nachfolgenden Kapiteln wird auf diesen Sachverhalt nochmals gründlicher eingegangen.

Psychische Störungen auf geistlichem Hintergrund

Psychische Störungen auf geistlichem (transzendentem) Hintergrund sind auf der dritten Achse der Abbildung 1 dargestellt.

Auch biblisch gesehen sind die Hintergründe seelischer Störungen nicht so einfach auszuloten, wie dies immer wieder getan wird. Häufig werden derartige Störungen mit dem Bibelwort aus 2. Mose 20,5 aufgerollt. »Denn ich, der Herr, dein Gott, bin ein eifernder Gott, der die Missetat der Väter heimsucht bis ins dritte und vierte Glied an den Kindern derer, die mich hassen . . .«

Hierzu muß gesagt werden, daß die biblische Aussage zum einen weitergeht und im Vers 6 zeigt, daß Gott eher barmherzig denn richtend ist: ». . . aber Barmherzigkeit erweist an vielen Tausenden, die mich lieben und meine Gebote halten.«

Zum anderen muß auch davon ausgegangen werden, daß das Volk Israel, zu dem dieses Gebot gesprochen wurde, mit drei und vier Generationen in der Großfamilie zusammenlebte und damit das »Heimsuchen« ohne Schwierigkeiten auch als »Sozialisationsprozeß«, also auf dem Hintergrund von erlerntem Verhalten, gesehen werden kann. Vor allem aber muß dieser Text aus 2. Mose 20 auch im Zusammenhang mit Jer. 31,27-30 gesehen werden, wo die enge Kausalität zwischen Eltern und Kindern aufgehoben wird, wenn es dort heißt: »Siehe, es kommt die Zeit, spricht der Herr, . . . und zu derselben Zeit wird man nicht mehr sagen ›die Väter haben saure Trauben gegessen, und den Kindern sind die Zähne stumpf geworden‹, sondern ein jeder wird um seiner Schuld willen sterben, und wer saure Trauben gegessen hat, dem sollen die Zähne stumpf werden . . .«

Die geistlichen Hintergründe seelischer Störungen – und damit manche Glaubensprobleme (was bedeutet, daß eine gegenseitige Abhängigkeit zwischen den drei Achsen in der Abbildung 1 besteht) – sind m.E. in einem doppelten Sinne zu sehen: Zum einen hängen sie ursächlich mit Sünde und Schuld im Leben eines Menschen zusammen. Dies ist dann keine Frage nach Vererbung, Stoffwechselstörungen oder einem möglichen frühkindlichen Trauma. »Denn meine Sünden gehen über mein Haupt; wie eine schwere Last sind sie mir zu schwer geworden . . . ich bin matt geworden und ganz zerschlagen; ich schreie vor Unruhe meines Herzens«, sagt David (Psalm 38,5.9) und zeigt damit eindeutig den Zusammenhang zwischen Sünde und Krankheit auf.

Zum anderen können seelische Störungen aber auch damit zusammenhängen, daß Gott Pläne mit dem einzelnen Menschen hat, die er über den Weg der Krankheit erreichen will. Beispiele hierfür finden wir bei der Heilung des Blindgeborenen in Joh. 9,3 »sondern es sollen die Werke Gottes offenbar werden«, oder auch bei Paulus, dem als Antwort auf sein intensives Rufen nach Wegnahme seines »Pfahles im Fleisch« gesagt wird: »Laß dir an meiner Gnade genügen, denn meine Kraft ist in deiner Schwachheit mächtig« (2. Kor. 12,9).

Weder bei der Sünde noch dem göttlichen Wollen als Hintergrund für seelische Störungen kann mit innerweltlichen Lösungsvorschlägen argumentiert und deshalb auch keine Kausalität, Regel oder innerweltliche Therapie angeboten werden. Hier geht es um ein eindeutig »unwissenschaftliches« Eingreifen Gottes in unser Leben – dessen Hintergründe nur in der Bibel gefunden werden können.

3. Zur Entwicklung des Religiösen

Religiöse Entwicklung als Änderung von Wertehaltungen

Sieht man zunächst einmal die religiöse Haltung ähnlich wie andere Wertehaltungen, so können die Ergebnisse der Untersuchungen zur Veränderung der Wertehaltungen im säkularen Raum in unsere Betrachtungen einbezogen werden. Solche Änderungen sind dann als Lernprozesse auf dem Hintergrund des »Lernens durch Einsicht« zu sehen.

Allgemeine Übereinstimmung besteht darin, daß eine Werteumorientierung wesentlich mehr ist, als nur seine Meinung zu verändern, denn Menschen, die eine neue Werteorientierung verinnerlicht haben, handeln nicht nur anders, sondern legen auch Rechenschaft über ihr verändertes Denken und Handeln im Sinne einer Überzeugung oder Gesinnung ab.

Für viele Menschen ist die Übernahme einer religiösen Wertehaltung ihre Form des Christseins. Und nicht wenige Kinder gläubiger Eltern (aber auch Parteien, christliche Vereinigungen usw.) haben diese Wertehaltung insbesondere mit den in der Bibel vorgegebenen ethischen Dimensionen übernommen. Vielleicht sollte man diese Haltung als »christoid« bezeichnen – sie darf jedoch nicht mit einer persönlichen Glaubensentscheidung verwechselt werden.

Religiöse Entwicklung und persönliche Glaubensentscheidung

Wenn man religiöse Haltungen nur als eine der dem Menschen möglichen Wertehaltungen sieht, die dieser im Laufe seines Lebens erfährt, so unterscheidet sich deren Erwerb qualitativ nicht von anderen Haltungen. Ähnliches finden wir in vielen Religionen, und eine solche Haltung hat, z.B. beim nördlichen Hinduismus, zu einem hervorragend ausgebauten Diakoniesystem geführt.

Sicherlich gibt es so etwas wie eine »diffuse religiöse Wertehaltung«, und aus der vielgestaltigen und bunten Weltliteratur wissen wir, daß auch spätere Atheisten von religiösen Phasen erzählen als Zeiten, in denen sie ihr gesamtes Denken, Fühlen und Handeln religiös orientiert hatten.

Wir sollten jedoch einen deutlichen Unterschied markieren zwischen der Entwicklung von religiösen Wertehaltungen, deren Erwerb und Veränderung im Sinne der Werteentwicklung gesehen werden können – und einer persönlichen Lebenshingabe an Jesus Christus mit dem sich daraus ergebenden neuen Leben in der Nachfolge Christi.

Letztere ist ungleich mehr als nur eine sich im Menschen vollziehende Werteumorientierung. Hier wirkt Gott selbst am Menschen, indem er ihn verändert. Es kommt zu einem Herrschaftswechsel – und dieser Wechsel führt dann fast selbstverständlich auch zu einem Paradigmenwechsel im Sinne der weiter oben beschriebenen äußeren Werteumorientierung. In der Abbildung sind die Unterschiede nochmals übersichtlich zusammengefaßt.

NEUE WERTEHALTUNG
Umorientierung vom Menschen initiiert
Paradigmenwechsel
zu erkennen an – verändertem Denkansatz – Rechenschaft ablegen (Verantwortung) über die neue Orientierung – verändertem Handeln
Im Bereich (aller) Religionen möglich: »diffuse religiöse Wertehaltung«

NEUES LEBEN IN CHRISTUS
Hier wirkt Gott am Menschen
Herrschaftswechsel
zu erkennen an – einer ganzheitlichen, systemisch orientierten   Beziehung zu Gott (»Lebenshingabe«) – neuer Wertehaltung (s.o.)

Von vielen Eltern und Erziehern wird eine unzulässige Umkehrung vollzogen. Sie suchen die »Früchte des Geistes«, noch ehe der »Baum« gepflanzt wurde. Nicht die Früchte sind es, die zuerst beachtet werden müssen, sondern das Leben eines Baumes. Und wer von seinen Kindern Früchte erwartet, die nur auf dem »Baum« der lebendigen Beziehung mit Jesus Christus wachsen können, muß sich nicht wundern, wenn diese in dem Augenblick absterben, wo die Kinder auf sich selbst gestellt sind – also nicht mehr von den Eltern oder Erziehern her orientiert leben. Ganz praktisch gesehen geht es also primär nicht darum, daß unsere Kinder brav, gehorsam, friedevoll, geduldig und sanftmütig sind, sondern darum, daß sie eine lebendige Beziehung zu Jesus Christus entwickeln.

Entwicklungsschritte

Versuchen wir, auf diesem Hintergrund die religiöse Entwicklung durch äußere Beobachtungen zu studieren, so zeigt sich, daß sich bei Kindern gläubiger Eltern zuerst eine religiöse Wertehaltung entwickelt.

Bei kleinen Kindern findet man fast ausschließlich die Nachahmung der religiösen Gebräuche. Beten, Singen, das Aufschlagen der Bibel und der Liederbücher sind demnach schlicht von den Eltern oder anderen Gemeindegliedern übernommen. Hierbei gelten die bekannten Regeln des Imitationslernens.

Nach einiger Zeit kommt zu dieser Nachahmung religiösen Verhaltens die affektive Komponente hinzu. In Kirche, Gemeinde, Kinderstunde usw. ergeben sich Gefühlssituationen, die sich deutlich von anderen abheben: feierliche Stille, andersartige Musik, andere Gerüche, bunte Kirchenfenster oder Bilder, der Hall der Orgel in hohen oder auch dunklen Räumen.

Diese Gefühle werden mit den Gebräuchen (dem Verhalten) gekoppelt (konditioniert), und das Kind erwirbt dadurch eine in der Regel positive Einstellung zum Religiösen. Jedoch ist festzuhalten, daß diese Einstellung eindeutig vom Verhältnis der Eltern bzw. Erzieher zur Religion abhängig ist.

Die kognitive Komponente, die zur Übernahme der religiösen Haltung erforderlich ist, entwickelt sich erst im Kindergartenalter. Kinder haben anfangs sehr diffuse Vorstellungen über Gott. Wenn man sie danach fragt, dann erzählen sie, daß er im Himmel über uns wohnt, daß er die Züge des Großvaters hat (weil Gott schon sehr alt ist), daß er die Erde und die Gestirne gemacht hat, so, wie die Menschen Gegenstände herstellen. Die Begegnung mit Gott entspricht der Begegnung mit einem Menschen, der viel Macht hat (z.B. einem Kaiser oder dem Staatspräsidenten).

Vater, Sohn und Heiliger Geist können bis weit in die Schulzeit hinein nicht differenziert und zugeordnet werden.

Märchen und die Wunder in der Bibel werden von Kindern, bei denen man nicht ausdrücklich darauf hinweist, daß es Unterschiede gibt, als identisch gesehen. Wunder sind für sie ohne irgendwelche Schwierigkeiten denk- und realisierbar.

Bejahen die Erzieher das Religiöse, dann entsteht beim Kind eine ausgesprochen positive Haltung hierzu. Der Wertebereich des Religiösen steht dann sogar an erster Stelle seiner gesamten Haltung.

In diesem Alter gibt es auch, wie immer wieder berichtet wird, z.B. im Rahmen von Kinderevangelisationen, Bekehrungen für Jesus Christus, also einen Weg von der religiösen Wertehaltung zur persönlichen Glaubensentscheidung. Diese Entscheidungen sind oftmals umstritten. Vielleicht wäre es deshalb hilfreich, davon auszugehen, daß das Kind zu einem Ja kommt, mit dem es sagen möchte: »Ja, Jesus Christus hat sich für mich entschieden.« Damit hat das Kind auf seiner Ebene des Denkens begriffen, daß es nur durch Jesus Christus einen Weg zum Himmel gibt.

Im Laufe seiner weiteren Entwicklung erfährt das Kind allerdings, unabhängig davon, ob es nur eine allgemeine und diffuse religiöse Wertehaltung übernommen hat oder die Lebensgemeinschaft mit Jesus Christus gefunden hat, daß in unserer Gesellschaft eine kritische Diskontinuität bei der Bewertung religiöser Werte herrscht. Während der gesamten Kindheit sorgen die Erzieher in aller Regel (oftmals sogar dann, wenn sie religiös desinteressiert sind) für das Einhalten religiöser Vorschriften und Werte. Je älter aber ein Kind wird, um so deutlicher lernt es die andersartigen Wertehaltungen in unserer Gesellschaft kennen, die davon ausgehen, daß Religion nur etwas für Kinder, Abhängige, Alte und Schwache sei bzw. einem »Kinderglauben« entspräche. Gottesdienstbesuche in der Bundesrepublik von nur ca. fünf bis zehn Prozent der Bevölkerung dokumentieren diesen Sachverhalt ja sehr deutlich.

Insgesamt gesehen nimmt, wie von vielen Autoren festgestellt wurde, die positive Einstellung zur Religion in den Reifejahren ab. Durch Erziehungseinflüsse kann dies über einige Jahre hinausgeschoben werden, einhellig wird jedoch gezeigt, daß es zu einer ständig wachsenden Unzufriedenheit mit den institutionalisierten Religionsvorschriften und Gebräuchen kommt. Man kann also davon ausgehen, daß »das Religiöse« in seiner Gesamtheit nachläßt, jedoch nicht seine Bedeutung insgesamt verliert. Wie von Kohlberg beschrieben, kommt es zu einem Nachlassen des Absolutheitsanspruches, und die religiöse Wertehaltung wird, ähnlich wie andere Haltungen, liberalisiert. D.h., der Jugendliche versucht nunmehr, das traditionelle Glaubensgut mit anderen Überzeugungen zu vereinbaren und in andere Wertesysteme zu integrieren.

Diese Beschreibungen gelten allerdings nur für die diffus religiöse Wertehaltung, die jedoch häufig bei Kindern gläubiger Eltern anzutreffen ist. Allerdings ist – zumindest in der Tendenz – auch bei jungen Menschen, die in einer persönlichen Lebensbeziehung mit Jesus Christus stehen, davon auszugehen, daß es zu einer ständig wachsenden Unzufriedenheit mit den institutionalisierten Religionsvorschriften und -gebräuchen kommt.

Auf diesem Hintergrund gilt es, das Glaubensleben des jungen Christen neu zu ordnen. Zur Identitätskrise des jungen Menschen gehört häufig eine Glaubenskrise hinzu. Mit seinen »neuen« Gefühlen, der Möglichkeit des abstrakten Denkens, der neuen Art, Zusammenhänge zu sehen und von Oberbegriffen abzuleiten, oder anders formuliert, mit einer ganz neuen Art, Mensch zu sein, muß sich der junge Erwachsene jetzt auch mit seinem Verhältnis zu Jesus Christus auseinandersetzen.

Eltern und Lehrer sollten dabei niemals vergessen, daß die Bibel Angriffe nicht zu scheuen braucht. Sie kann sowohl auf der Ebene des Kindes als auch der des Erwachsenen verstanden werden. Aber es ist kaum möglich, den Glauben, der auf der Dimension des Denkens, Fühlens und Handelns eines Kindes angelegt ist, in das Erwachsenenalter »hinüberzuretten«. Er wäre dort unangebracht und müßte früher oder später revidiert werden. Es geht also darum, aus der Glaubenskrise heraus den Weg zu einem neuen Ja zu Jesus Christus zu finden.

J. Westerhoff (1976) hat für die Entwicklung des Glaubens, hin zu einer Entscheidung für Jesus Christus, vier Stufen vorgestellt, die (im späten Jugendalter) den in Abbildung 2 dargestellten Ablauf zeigen:

Abbildung 2: *Glaubensschritte Jugendlicher*

4. *persönlicher Glaube*

3. *suchender Glaube*

2. *Zugehörigkeitsgefühl*

1. *bei anderen erlebter Glaube*

4. Mögliche Zusammenhänge zwischen früher Kindheit und dem heutigen Glaubensleben

Wie schon weiter oben berichtet, ist die frühe Kindheit insbesondere für Lernerfahrungen offen. Die Zusammenhänge zwischen der Kindheit und dem Erwachsenenalter sind jedoch nicht so kausal zu sehen, wie dies viele Menschen gerne hätten. In aller Regel ist ein ganzes Ursachenbündel für das Hier und Jetzt verantwortlich zu machen, das zudem noch in ständiger Rückkopplung mit dem umgebenden System gesehen werden muß.

Unbestritten ist bei allen Fachleuten, daß die frühe Kindheit eine ganz besonders prägsame und damit sensible Entwicklungszeit ist. Es kann auch angenommen werden, daß große Teile des späteren Lebensstils in dieser Zeit erworben worden sind. So gesehen ist es dann recht interessant, die säkularen Modelle zur Entstehung des Lebensstils (A. Adler) oder des Lebensskripts (E. Berne) zu untersuchen und auf die Dimensionen des Glaubens hin zu überprüfen.

Wichtig sind auch die Konzepte von Seligman und Rotter, die davon ausgehen, daß nachweisbare und in früher Kindheit erlernte Grundhaltungen bestimmte Formen der Depression von Erwachsenen prädisponieren.

Daß zweipoliges Denken auch noch bei erwachsenen Menschen möglich ist – und damit auf das Glaubensleben rückwirken kann –, wird im dritten Teil dieses Abschnittes beschrieben.

Das Lebensstilkonzept

Mit dem »Lebensstil« wird die vergangene, die gegenwärtige sowie die zukünftige Dimension der Lebensgeschichte zusammengefaßt. Hätte ein Mensch nicht einen Fundus an Vorerfahrungen, aus denen er schöpfen kann, so könnte er sich auch keine Vorstellungen von den künftigen Ereignissen machen, auf die er sich in seinem aktuellen Handeln zubewegt. Somit bestätigen die (kurz- und mittelfristigen) Ziele, die sich ein Mensch im Sinne von Handlungsentwürfen setzt, stets in einer »tendenziösen« Weise eben diejenigen Erfahrungen, die er in den ersten Abschnitten seiner Lebensgeschichte gesammelt hat.

Adler und seine Nachfolger in der Individualpsychologie sind der Meinung, daß das Erinnerte tendenziös ausgewählt ist. Sie gehen davon aus, daß das Gedächtnis des Menschen so arbeitet, daß nur diejenigen Inhalte nicht vergessen werden, die im Zusammenhang mit dem persönlichen Lebensstil des Menschen von hoher Bedeutung sind.

Häufig treffen wir erwachsene Christen, die sehr klar denken können, die die biblische Botschaft theoretisch verstanden haben und den Weg der Nachfolge Christi gehen. Dennoch muß man aus ihrem Lebensweg (beispielsweise ihrem mangelnden Selbstvertrauen) folgern, daß sie praktisch einem ganz anderen Bezugssystem folgen.

Sie können sich nicht annehmen, haben überstarke Sehnsucht, sich zu profilieren, sind geldgierig usw.

Nun kann man dies natürlich auch als geistliche Anfechtung deuten, was sicherlich häufig richtig ist. Wir haben jedoch weiter oben gezeigt, daß neben der geistlichen Dimension auch die innerweltlichen Hintergründe zu beachten sind. Und es wäre für viele Seelsorgefälle wichtig, zuerst auf Störungen in diesem Bereich hin zu untersuchen.

Adler und seine Nachfolger haben einen solchen Weg gezeigt, indem sie ausdrücklich immer wieder auf die »private Logik« eines Menschen bzw. seinen »persönlichen Lebensstil« hinweisen als einem Lebenskonzept, das dem Menschen in der Regel nicht bewußt ist. »Wir gestehen uns nicht ein, daß wir uns der privaten Logik bedienen. Wenn wir es täten, müßten wir die volle Verantwortung für unsere Handlungen auf uns nehmen und könnten keine guten Absichten vortäuschen. Niemand verliert gern das Gesicht. Wir müssen unsere wahren Ziele also vor dem eigenen Bewußtsein verbergen und haben die verschiedensten Methoden entwickelt, um die Dichotomie zwischen dem, was wir in unseren Vorstellungen wollen, und dem, was wir wirklich beabsichtigen, zu erhalten« (Dreikurs 1972).

Der persönliche Lebensstil eines Menschen läßt sich in ein primäres und sekundäres Bezugssystem aufteilen, und eine der wichtigen Aufgaben in der Seelsorge, bezogen auf den innerweltlichen Bereich, ist, diese Bezugssysteme zu erkennen und zu beschreiben.

Beziehen wir dieses Konzept auf den Christen, so dürfen wir davon ausgehen, daß bei der Entscheidung für Jesus Christus insbesondere das sekundäre Bezugssystem angesprochen wird. Dies bedeutet ganz praktisch, daß Menschen in der Nachfolge Christi von der Heiligen Schrift her wissen, daß »der Schuldbrief zerrissen ist«, daß sie durch das stellvertretende Opfer Jesu Christi auf Golgatha den Weg zu Gott als ihrem Vater finden durften. Sie können dies öffentlich bezeugen, und es ist ein Faktum, daß sie wiedergeboren sind im Sinne von Johannes 3. Was nicht selten Probleme machen kann, ist derjenige Anteil des Lebensstils, der mit seinen frühkindlichen Erfahrungen weitgehend das Lebenskonzept bestimmt: das zumeist unbewußte primäre Bezugssystem.

Primäres und sekundäres Bezugssystem des Lebensstils

Das *primäre Bezugssystem* widerspiegelt die private Wirklichkeitsauffassung (und damit auch die private Logik) des Menschen.

Subjektive »primäre« Meinungen, Sichtweisen, Vorurteile, Fiktionen, die teilweise unter stark eingeschränkten Bedingungen als Kind in den ersten Lebensjahren entstanden sind, kennzeichnen das Prinzip dieser privaten Logik. Ihr Kennzeichen ist die Tendenz zu extremen und verabsolutierenden Urteilsschlüssen.

Es ist dem Erwachsenen in aller Regel nicht möglich, die Inhalte des primären Bezugssystems zu verbalisieren. Hierzu bedarf es einer besonderer Art der Lebensstilanalyse.

Das *sekundäre Bezugssystem* umfaßt die allgemeinverbindlichen und regelhaften Prinzipien der »Weltvernunft« bzw. des »common sense«. Diese Art von Logik wird dem Kind im Verlauf seiner Erziehung durch seine Sozialpartner (Eltern, Lehrer usw.) vermittelt und ermöglicht Denkoperationen, die weit weniger »primitiv« als die des primären Bezugssystems sind. Das sekundäre Bezugssystem umfaßt demnach Inhalte, über die sich Menschen verbal austauschen können. Dieses System ist demnach grundsätzlich für eine bewußte Reflexion offen und damit verständlich, während die primären kognitiven Prozesse, wie schon beschrieben, einer unmittelbaren Bewußtmachung entzogen sind – und nur indirekt (auf intuitiv-einfühlendem Wege) erahnt und dann in die Sprache des sekundären Bezugssystems übersetzt werden können.

Lautet der Lebensstil z.B. »Ich bin ein Versager«, so weiß der wiedergeborene Christ zwar (von seinem sekundären Bezugssystem her orientiert), daß Jesus Christus gerade in

74

der Schwäche des Versagens stark sein kann. Sein primäres Bezugssystem wird jedoch im praktischen Alltag immer wieder »durchschlagen«. Er braucht häufig Trost oder auch Ermahnung, muß »aufgebaut« werden. Ein Großteil der Seelsorge hat sich auf einem solchen Hintergrund mit dem nichtveränderten primären Bezugssystem zu beschäftigen.

Im Laufe des Glaubenslebens ändert sich allerdings vieles – häufig hin zu größerer Gewißheit und Sicherheit. Vielleicht darf man die Veränderung dieses Anteils des Lebensstils dann als »Heiligung« bezeichnen?

Erlernte Hilflosigkeit und externe bzw. interne Kontrollierung

Die Art und Weise, wie wir über uns denken (unser »Selbstkonzept«), kann Stimmungen und Verhalten – und wahrscheinlich auch unseren Glauben maßgeblich bestimmen (immer bezogen auf die innerweltlichen Anteile).

Bei den Forschungsarbeiten zu den sogenannten »externen und internen Kontrollüberzeugungen« («Locus of Control-Konstrukt») hat Rotter gezeigt, daß dies eine ziemlich stabile Persönlichkeitsdimension ist, die sich schon durch die frühkindliche Erziehung anbahnt und maßgeblichen Einfluß auf die Art und Weise unserer Lebensbewältigung hat.

Zu ähnlichen Aussagen wie Rotter kam auch Seligman, der belegen konnte, daß Hilflosigkeit nicht angeboren, sondern eher erlernt ist. Seine Theorie geht davon aus, daß Menschen immer einen Zusammenhang zwischen ihrem Handeln und den sich daraus ergebenden Folgen suchen. Wenn Ereignisse unabhängig von der vorangehenden Handlung eintreten, sind diese unkontrollierbar. Tritt ein solcher Fall häufiger auf, dann verfestigt sich bereits beim Kind die Auffassung, daß auch zukünftig das Handeln nicht zum Erfolg führt. Erlernte Hilflosigkeit ist die Folge.

Bei der Kontrollüberzeugung ist es ähnlich: Menschen mit erlernter *interner* Kontrollüberzeugung sind davon überzeugt, daß sich Anstrengungen lohnen, daß man nach Mühen mit Erfolg rechnen kann. In aller Regel sind diese Leute leistungsorientiert und selbstbewußt.

Bei einer *externen* Kontrollüberzeugung gehen die Menschen z.B. davon aus, daß fleißiges Arbeiten kaum etwas einbringt, daß die Belohnung von »Mächten« ausgeht, die außerhalb der Person liegen. Sie sind leicht von anderen Leuten zu beeinflussen, achten stark auf die Umwelt – und haben die Tendenz, eher depressiv zu werden.

Oft erleben wir in unseren Gemeinden die Entwicklung zur Persönlichkeit mit ausgeprägter externer Kontrollüberzeugung, bedingt durch die Erziehung der gläubigen Eltern und durch eine entsprechende Verkündigung der Pastoren. Wenn es die überwiegende Lehre bzw. Meinung der Eltern ist, daß man als Christ passiv sein müsse, daß Gott »schon alles richtig lösen wird«, daß man ja nicht zum »Macher« werden solle, kann ein Kind dadurch in eine falsche und in ihrer Einseitigkeit auch unbiblische Denkweise geführt werden. Wenn Pastoren allzu häufig verkündigen »Weiß ich den Weg auch nicht, du weißt ihn wohl«, dann mag dies womöglich ihr Problem als »Macher« in der Gemeinde sein, vielleicht sollten sie tatsächlich in größerer Abhängigkeit von ihrem Herrn leben – aber es ist nicht unbedingt auch das der Zuhörer im Gottesdienst. Gewiß, für Menschen mit ausgeprägter interner Kontrollüberzeugung mag es richtig sein, sie in die Stille, in die Passivität bzw. größere Abhängigkeit von Gottes Führung zu führen. Für viele Zuhörer ist dies aber zu einseitig. Ihnen muß man Impulse zum eigenen Handeln und zur Eigenverantwortlichkeit geben. Es gibt in der Bibel nicht wenige Stellen, die zur Aktivität auffordern, z.B. im Sinne von »Klopfet an, so wird euch aufgetan« (Mt. 7,7). Verwunderlich ist allerdings, daß gerade im Liedgut des Neupietismus (bei den sog. »englischen« Liedern) häufig zur externen Kontrollierung führende Texte auftauchen.

Paul Gerhardt, der wahrlich viel Leid erlebt hat, aber auch Gerhard Tersteegen oder die Liederdichter der Reformation waren hier viel ausgewogener. Könnte es sein, daß eine »rundere« Verkündigung, einschließlich der Lieder, vor mancher Depression schützen würde? Etwa im Sinne von »Nun aufwärts froh den Blick gewandt und vorwärts fest den Schritt. Wir gehn an unsres Meisters Hand, und unser Herr geht mit.«

Dichotomes Denken

Herkommend von Bibelworten wie 1.Kön 18,21: »Wie lange hinket ihr auf beiden Seiten?«, gibt es viele Eltern, die auch ihr ganzes Erziehungsgeschehen auf eine zweipolige Logik reduziert haben. Man ist dann entweder krank oder gesund, arm oder reich, groß oder klein, schön oder häßlich usw. Diese Art des Denkens wird dann häufig auch auf die Dimension des Glaubens ausgedehnt: Man ist »voll drauf« oder »glaubensmäßig abgeschlafft«. Mittelwege werden nicht akzeptiert, weil ja nur eine der beiden Ansichten stimmen kann.

Gewiß ist es richtig, daß »ein halber Christ ist ein ganzer Unsinn« ist, wie dies W. Busch einmal formuliert hat. Jesus Christus sagt: »Ich bin der Weg, die Wahrheit und das Leben; niemand kommt zum Vater denn durch mich« (Joh. 14,6). Bei manchen Sachverhalten gibt es keine Mittelwege, so wie wir auch keine »halbe Schwangerschaft« kennen. Darauf jedoch ein Erziehungskonzept aufbauen zu wollen, würde bedeuten, ein Leben lang die kindliche Logik zu vertreten. Junge Menschen merken früher oder später, daß ein derartig einfach strukturiertes Denken mit der Wirklichkeit nicht übereinstimmt. Entweder rebellieren sie dann – auch gegen den Glauben, weil er mit ihren persönlichen Erfahrungen nicht kongruent verläuft – oder sie gehen in die »innere Emigration«, was bedeutet, daß sie das Evangelium passiv rezipieren; in nicht wenigen Fällen führen derartig erzogene Christen aber auch ein schizoides Doppelleben zwischen Lebensalltag und Glauben – und der Weg in seelische Krankheiten (z.B. Depressionen) ist auf einem solchen Hintergrund schnell erreicht.

Ein differenziertes Denken, das auch Mittelwege sieht, schon in der Kindheit eingeführt und von Eltern, Erziehern und Pastoren vorgelebt, wäre angemessen. Etwa im Sinne der Weisheitsliteratur, wo das Verhältnis zwischen arm und reich beschrieben und auch eine Begründung für den Vorteil des Mittelweges gegeben wird: »Armut und Reichtum gib mir nicht; laß mich aber mein Teil Speise dahinnehmen, das du mir beschieden hast. Ich könnte sonst, wenn ich zu satt würde, verleugnen und sagen: Wer ist der Herr? Oder wenn ich zu arm würde, könnte ich stehlen und mich an dem Namen meines Gottes vergreifen.« (Spr. 30,8f.)

5. Störungen bei der Entwicklung des Glaubens- lebens im einzelnen

Wenn nachfolgend einige Störungen auf dem Hintergrund der theoretischen Überlegungen aufgezeigt werden, dann muß nochmals betont werden, daß es in aller Regel keine monokausalen Zusammenhänge zwischen frühkindlicher Erziehung und dem gegenwärtigen Verhalten gibt. Es kann also durchaus möglich sein, daß das beschriebene Phänomen bei dem einen Kind zu Störungen führt und beim anderen nicht.

In aller Regel ist ein ganzes Ursachenbündel für Störungen verantwortlich zu machen, das sich dann eher an der *Gesamthaltung* des Erziehers festmachen läßt als an einzelnen »Fehlern«.

Angst vor Gott leitet die Erziehung

Dies wird beispielsweise eingeleitet durch Lieder wie: »Paß auf, kleines Auge, was du siehst – denn der Vater in dem

Himmel schaut herab auf dich.« Aber auch durch Aussagen wie »Wenn das der Herr Jesus sieht . . .« usw. Jesus oder Gott werden hier als Rächer oder Polizist dargestellt. Die Kinder lernen: Vor Gott muß man eher Angst haben. Es kann sich ein Glaubensleben entwickeln, bei dem durchgängig »Wenn-dann- Beziehungen« das Gottesverhältnis prägen. Geistlicher Leistungsdruck und Zwanghaftigkeit können die Folge eines derartigen Erziehungsstiles sein. Mit der Bibel wird dann »leisten« und »müssen«, »Erpressung« und »traurig sein« konditioniert.

Ganz allgemein zeigt sich auch, daß bei der christlichen Erziehung die Moraldimension im Vordergrund steht. »Als Kind des Pastors (Gemeindeleiters usw.) tut man dies oder jenes nicht« – und damit sind häufig Sachverhalte gemeint, die mit dem biblischen Fundament wenig gemeinsam haben. Bei Kindern entsteht dabei schnell der Eindruck: »Wenn man Christ ist, dann darf man nichts«.

Lebensstile

Wie weiter oben beschrieben, kann das primäre Beziehungssystem unbewußte Teile des Lebensstils im Hier und Jetzt und für die Zukunft prägen. Es sind überwiegend die Eltern und die Erzieherinnen im Kindergarten bzw. die Sonntagsschul- und Kinderstundenleiter, die hier eine maßgebliche Bedeutung haben. Nachfolgend einige Lebensstilkonzepte, die wir häufig in der biblisch-therapeutischen Seelsorge antreffen:

»Ich muß immer das Beste für Jesus tun«

Ist diese Leitlinie im Lebensstilkonzept verankert, kann sie vom Erwachsenen nicht eingelöst werden. Menschen hinken dann mit ihrer aktuellen Leistung immer ihrem Anspruch hinterher. Nicht selten sind Erschöpfungsdepressionen die Folge eines derartigen Lebensstils.

Wie wichtig ist es deshalb, daß Erzieher die Kinder lehren: »Ich muß dies ja gar nicht für Jesus tun, denn er tat das Beste für mich.«

»Als Christ bist du besser (anders, erlöster usw.) als die anderen«

Dieses Konzept führt zu Spannungen im weiteren Lebensverlauf, weil es (vor allem für Kinder, die noch nicht in einer lebendigen Glaubensbeziehung zu Christus stehen) nicht verifizierbar ist. Sie erfahren in ihrem praktischen Leben dies nicht so und müssen in ihrer Logik dann folgern: »Wenn das nicht stimmt, dann kann auch das Evangelium nicht stimmen.«

»Ich bin der Unwerteste aller Menschen«

Ein solches Konzept führt zur mangelnden Selbstannahme, dazu, daß das Leben und die Freuden, die es bietet (und die im biblischen Sinne angenommen und als von Gott geschenkt gesehen werden dürfen), nicht akzeptiert werden können. Damit verbunden kann dann auch die Ablehnung aller innerweltlichen Angebote der Entspannung, angefangen bei Literatur und Musik bis hin zu körperlichen Übungen, einher gehen. Nicht selten haben erwachsene Menschen mit einem derartigen Lebenskonzept auch Sexual- und Eheprobleme.

»Als Christ muß man immer ein Zeugnis sein«

Dieser Lebensstil führt bei nichtgläubigen Kindern, bzw. denjenigen, die das Christsein bisher nur als Wertehaltung sehen, zur eintrainierten Fassade. Je älter die Kinder werden, umso schneller möchten sie diesen Zwang wieder loswerden.

Als Ergebnis erleben die Kinder: »Als Christ muß man sich immer verstellen, man darf nie so sein, wie man wirklich ist.«

»Man muß als Christ ein Überwinderleben führen«

Dieses Konzept ist für ein jüngeres Kind absolut abnorm. Es möchte spielen, geliebt werden und nicht »überwinden«. Es liebt in den ersten Lebensjahren nur sich selbst. Wenn es dies nicht ausleben darf, wird das Evangelium mit dem konditioniert, was es gerade nicht will: dem Mangel an Liebe.

Das Bild »der Überwinder Lohn«, das in vielen christlichen Häusern hängt, ist für den reifen Christen sicherlich glaubensstärkend. Für Kinder wirkt es aber so, daß es zur Angst vor dem Himmel führt.

Ehrlichkeit und Transparenz

Kinder entdecken schon sehr früh die mangelnde Identität und die damit verbundene Fassadenhaftigkeit, die bei manchen gläubigen Eltern herrscht. Sie merken, daß zwischen deren Denken und Fühlen keine Harmonie besteht. Wenn die Heiligung auf den Bereich der Gefühle angewandt wird, unterteilt man in »gute« und »schlechte« Gefühle. Das aufgezwungene Selbstkonzept und das persönliche Erleben sind nicht deckungsgleich. Damit konditionieren Kinder – und Erwachsene haben dies womöglich für ihr ganzes Leben erlernt: »Bei Glaubensdingen darf man nie ganz ehrlich sein.« Man darf nicht sagen, daß die Predigt langweilig ist oder die Menschen in der Gebetsgemeinschaft eigentümlich reden. So wird eine künstliche Harmonie hergestellt, die aber unehrlich ist. »Doublebind« nennt man in der psychologischen Fachsprache eine pädagogische Begegnung, bei der die Gefühle und die verbalen Aussagen nicht übereinstimmen. Mögliche Folgen dieser mangelnden Ehrlichkeit kann eine lebenslange Anpassung mit eventuellen Depressionen als Konsequenz sein. Nicht selten führt dieses Erziehungsverhalten aber auch zu einem überraschenden Ausbruch bei heranwachsenden jungen Menschen, den die Eltern dann zumeist überhaupt nicht verstehen können. Es ist dies jedoch letztendlich ein Zeichen gesunder Emanzipation von der Inkongruenz zwischen Denken und Fühlen hin zur Entwicklung der Identität, die vom gesunden erwachsenen Christen eine Kongruenz von Denken, Fühlen, Handeln und Glauben erfordert. Kinder entdecken auch schnell, daß vieles von der Freundlichkeit, der Höflichkeit, der Demut, der Nächstenliebe, dem Geben von Gaben usw., die manche Eltern zeigen, nicht von einer innigen Begegnung mit Jesus Christus herrührt, sondern daß die Angst vor einer möglichen Strafe dahintersteckt. Auch hier wird gelernt: Man verstellt sich als Christ, darf nicht das sagen, was man wirklich fühlt.

Erlernte Hilflosigkeit und externe Kontrollüberzeugung

Häufig wird (auf dem Hintergrund der externen Kontrollüberzeugung) schon den Kindern beigebracht, daß Jesus die Kranken gesund mache. Dies ist zwar theologisch gesehen nicht unrichtig, wird jedoch von den Kindern, die schwarz-weiß denken, oft in eine falsche Kausalität gebracht: »Wen Jesus lieb hat, den macht er gesund.« Ein derartiges Denken kann sich bis ins Erwachsenenalter tradieren und führt dann nicht selten zu dem irrigen Denken, daß man doch gesund werden müsse, wenn man Jesus lieb habe. »Jetzt habe ich doch Gott so intensiv gebetet, und meine Depression ist dennoch nicht weg«, kann man dann häufig hören. Und es entsteht nicht selten die Meinung, daß – wegen des nicht erfolgten Eingreifens – das Verhältnis zu Jesus Christus nicht mehr in Ordnung sei.

Ein kurzer Ausschnitt aus einem Brief zeigt die Problematik deutlich. Eine junge Frau schreibt: »Meine Schwester, die unter Anorexia nervosa leidet, hat sich im Frühjahr zu Jesus Christus bekehrt, und ihre Magersucht hat noch immer nicht aufgehört. Stimmt ihr Glaubensleben nicht?«

Kinder entdecken auch, wie durch bestimmte »geistli-

82

che Killerphrasen« weitere Denkprozesse verhindert werden – auch dies ist ein Weg in die »erlernte Hilflosigkeit« bzw. hin zur »externen Kontrollüberzeugung«. Wenn Väter und Mütter, aber auch Pastoren und Seelsorger ihre Entscheidungen nicht besprechen, sondern über ihre Kinder mit einem »Mir ist innerlich für Dich klar geworden« entscheiden, brauchen sie sich nicht zu wundern, wenn Depressionen die Folge sein können.

Auch vorschnelles Gebet, ehe ein Problem sachlich besprochen wurde, kann fehl am Platze sein. Dadurch wird bei den Kindern das Gebet als »Problemlöse-Instrument« konditioniert. Es ist nicht das Mittel, um innerweltliche Probleme, Streit, Zwistigkeit, Beziehungsstörungen usw. aus dem Wege zu räumen, denn hierzu hat uns Gott die Gabe der zwischenmenschlichen Kommunikationsfähigkeit gegeben. So eingesetzt, führt das Gebet eher zu einem »Unter-den-Teppich-Kehren« von Schwierigkeiten, die dann an anderer Stelle wieder auftauchen.

Immer wieder zeigt sich auch, daß Eltern, die niemals streiten, immer gut sind, keine Schwächen zeigen usw., damit ein für die Entwicklung der Kinder weniger günstiges Verhalten zeigen. Solche Eltern werden als »Heilige« gesehen. Sie verhindern eine natürliche Entfaltung, die auch Schwächen bzw. Änderungen erleben muß, um nicht selbst permanent als minderwertig zu gelten.

6. Ziele

Insbesondere die kleinen Kinder haben in der Regel noch keine persönliche Entscheidung für Jesus Christus getroffen; wir dürfen deshalb von ihnen auch noch nicht ein Heiligungsleben verlangen. Auf diesem Hintergrund wird es vor allem wichtig sein, das Evangelium (sowohl im alltäglichen Erleben als auch in der Gemeinde) mit frohmachenden Dingen zu konditionieren.

Als Maxime der christlichen Erziehung möchte ich auf

dem Hintergrund des bisher Gesagten folgende Punkte nennen:

Identität von Glauben und Leben bei den Eltern

Keine falsche Verteidigung! Eltern sollten es sich im Sinne einer Vorbildfunktion gesunden Glaubenslebens leisten können, den Kindern mitzuteilen, daß sie manches in ihrem Leben nicht verstehen und auch nur schwer annehmen können, daß sie gerne Änderungen wünschen, die nicht erfüllt werden, daß sie immer wieder auch zweifeln. Es gilt, ein Leben zu führen, bei dem es nicht zum Bruch zwischen Glauben, Denken, Fühlen und Handeln kommt. Damit wird dann auch die Identitätsfindung unserer Kinder gefördert.

Ehrlichkeit und Transparenz

Wenn von Jesus die Rede ist, muß es ehrlich zugehen. Auch meine Schwächen darf ich bekennen, auch meine Zweifel. Dann dürfen wir uns sehr bald sogar über diese Zweifel hinweg von unseren eigenen Kindern trösten lassen.

Überwindung der Hilflosigkeit

Eigeninitiative und Gottvertrauen schließen sich gegenseitig nicht aus. Junge Menschen müssen lernen, in Freiheit und Selbstbestimmung den Weg zu Christus zu finden. Sie dürfen, ja müssen sogar dabei aktiv werden.

Überwindung des Schwarz-Weiß-Denkens und dadurch Förderung der Entfaltung

Neben den wenigen Ja- oder Nein-Entscheidungen, die wir kennen, gilt es, unsere Kinder darauf vorzubereiten, daß das Normalmaß die Mittelmäßigkeit ist. Daß es durchaus realistisch sein kann, nicht ganz gesund, nicht ganz reich, nicht ganz schön zu sein – um dabei dennoch froh zu werden. Es ist auch nicht alles, was »von der Welt« kommt, schlecht. Hier müssen wir allesamt ehrlicher werden.

Falsch wäre es auch, davon auszugehen, daß man in der Nachfolge Jesu immer fröhlich sein müsse. Auch hier gilt es, rechtzeitig zu lernen: »Alles hat seine Zeit«.

Beziehung ist wichtiger als Inhalt

Viele Mütter haben Furcht, daß der fehlende oder vielleicht nichtchristliche Vater das spätere Gottesbild ihrer Kinder entscheidend prägen würde. Ich bin hier anderer Ansicht. Die spätere Beziehung hat m.E. nur wenig mit dem Vaterbild zu tun – sondern viel eher damit, wie man den Kindern in den ersten Lebensjahren Gott groß macht. Dabei geht es darum, Beziehung transparent zu machen und nicht primär Inhalte zu vermitteln. Ein Kind, das sich von seiner Mutter geliebt erlebt, das ihre große Geduld erfährt, das ahnt, daß es wiederkommen darf, auch wenn – oder gerade weil – es Fehler gemacht hat, verspürt etwas von der großartigen göttlichen Liebe, die Paulus in 1. Kor. 13 beschreibt.

Ein derartiges Erziehungsmuster macht es dann auch leichter, in Gott nicht einen Rächer zu sehen, der nur darauf wartet, bis man fällt, um dann zu strafen, der auch nicht abzählt, wie viele Gebete der einzelne »geleistet« hat, sondern den liebenden Vater zu erkennen, zu dem die Beziehung durch Jesus Christus in Ordnung gebracht worden ist. Dieser Gott nimmt dann den verlorengegangenen Sohn immer wieder neu in seine Vaterarme auf, auch wenn er in den Schmutz gefallen ist. Gerade dann! Er putzt den Dreck der Straße ab, zieht ihm ein neues Kleid über und freut sich, daß der Gefallene wieder stehen kann, weil er ja weiß, daß die Sünde des Sohnes diesem mehr als dem Vater geschadet hat ...

7. Literaturangaben

Adler, A.; Ansbacher H.L. und R.: Alfred Adlers Individualpsychologie. München, Basel 1982.

Corsini, R.: Handbuch der Psychotherapie (2 Bände). Weinheim und Basel 1983.

Dieterich, M.: Wir brauchen Entspannung. Gießen/Basel 1988.

Dieterich, M.: Handbuch Psychologie und Seelsorge. Wuppertal 1989.

Ellis, A: Die rational-emotive Therapie. München 1982.

Erikson, E.H.: Jugend und Krise. Frankfurt 1981.

Kagan, J.: Perspectives on continuity. In: Brim et al. (Hg.): Constancy and change in human development. Cambridge (Harvard University Press) 1980.

Kagan, J.: Die Natur des Kindes. München 1987.

Kuhn, T.S.: Die Struktur wissenschaftlicher Revolutionen. Frankfurt 1973.

Schaetzing, E.: Die ekklesiogenen Neurosen. In: Wege zum Menschen 7(1955), 97-108.

Seligman, M.: Erlernte Hilflosigkeit. München 1979.

Rotter, J.B.: Einige Probleme und Mißverständnisse beim Konstrukt der internen versus externen Kontrollüberzeugung, in: Mielke, R.(Hg.); Interne/externe Kontrollüberzeugung. Bern/Stuttgart/Wien 1982.

Westerhoff, J.: Will Our Children Have Faith? New York (Seabury Press) 1976.

IV. Erziehung und Erziehungsfehler in gläubigen Elternhäusern

Hilde L. Dieterich

1. Die erzieherische Haltung ist entscheidend

Christliche Eltern bemühen sich, auch in der Erziehung verantwortlich vorzugehen und dabei keine Fehler zu machen. Falsch verstandene Bibelworte, zu denen allerdings auch das »Keinen-Fehler-machen-Dürfen« gehört, können zu gravierenden Folgen führen.

Anhand von einigen Fallbeispielen möchte ich die erzieherische Haltung bzw. Handlung des jeweiligen Elternhauses mit der darauf folgenden Störung des Gottesbildes bei den Kindern untersuchen. Vorab sei jedoch angemerkt, daß alle neueren Untersuchungen zur Entwicklungspsychologie recht deutlich machen, daß es selten ein einmaliger Erziehungsfehler (bzw. ein frühkindliches Trauma) ist, das zu psychischen Störungen im Erwachsenenalter führt, sondern eher eine über lange Zeit andauernde Haltung der Eltern bzw. Erzieher.

2. Fallbeispiel Depression

Bericht über Frau Maier

Mit »endogener Depression« diagnostiziert und seit drei Jahren mit Psychopharmaka behandelt, sitzt eine weinende Frau vor mir. Sie ist mittleren Alters und durch die Nebenwirkungen des dreijährigen Medikamentengebrauchs sehr aufgeschwemmt. Atmen und Sprechen fällt ihr schwer. Zusammen mit ihrem Mann bestellt sie einen kleineren Landwirtschaftsbetrieb und hat drei Kinder. Im

Dorf aufgewachsen, konnte sie, trotz der Begabung, keine besondere Schulbildung erreichen. »Bücher durfte ich keine bekommen, auch keine lesen, das war ein Luxus.« Nie erhielt sie als Kind Lob und kann auch heute positive Aussagen über sich selbst nicht ernst nehmen. Sie steckt in einer permanenten Selbstanklage und hat beständig ein schlechtes Gewissen. Freunde hatten weder sie noch ihr Bruder. Er konnte sich jedoch bei den Eltern besser durchsetzen. Wenn sie als Kinder mit Kameraden spielen wollten, rief sie der Vater ins Haus und las dann aus einem Predigtbuch vor.

Nach einer eher »zweckmäßigen« Heirat wohnt sie heute immer noch im selben Dorf, gegenüber den Schwiegereltern und dem Gemeinschaftshaus. Mit ihren Schwiegereltern hat sie jedoch keine offensichtlichen Probleme.

Bei der Frage nach dem Sinn ihres Daseins beschreibt sie ihren einzigen Lebenszweck als Arbeit und Höchstleistung; Perfektion sowohl in der Landwirtschaft, der Küche und einer guten Familie als auch auf dem Gebiet des Glaubens. Freude ist ihr fremd, Wünsche kann sie nicht äußern; hinsetzen lehnt sie ab, und beim Anblick eines kleinen Sofas in ihrem Haus muß sie immer weinen. »Was sagen da die Leute?« Dieser Satz macht ihr Leben voller Hemmungen und Ängste.

Das Verhältnis zur verstorbenen Mutter war immer sehr kühl. Ähnlich sind auch die Beziehungen und Gefühle zu den eigenen Kindern, besonders zu den Töchtern, unterdrückt, und Frau Maier hat immer den Eindruck, sie zu wenig zu lieben. »Die Fehler meiner Mädchen sind allesamt meine Schuld« ist eine häufig gebrauchte Erklärung.

Den Ehemann bewundert sie. »Er ist immer so fröhlich, so flink. Er hat all das, was ich nicht habe. Er ist auch so geduldig und lieb zu mir.« Ihre sexuellen Beziehungen sind allerdings schon vor dem Ausbruch der akuten Depression nicht mehr in Ordnung. Die Töchter reagieren ungeduldig mit Vorwürfen wie »Kein Elternhaus und kein Familienleben. Du bist eine große Egoistin. Du mußt endlich ›ja‹ sagen, dann . . .«

Immer wieder versucht Frau Maier eine zaghafte Annäherung an die Kinder, erhält aber nur Ablehnung. Die Entdeckung, daß mit 50 Jahren vielleicht vieles zu spät sein könnte, verstärkt ihre Ängste und Depressionen. »Mein Leben war immer Pflicht: Gemeinschaftsstunde, Kirche, Arbeit, Verlobungszeit, wieder Gemeinschaftsstunde mit meinem Bräutigam. Wo hab ich denn jemals etwas Schönes gehabt?« ist ihre verzweifelte Anfrage.

Sie erlaubt sich aber auch keinen Zorn über die Mutter, auf deren Versäumnisse und Schuld in der Seelsorge eingegangen wird. Immer wieder flieht sie zurück in den krankhaften Zirkel ihrer Selbstanklagen.

Es gab im Leben von Frau Maier einige einfache Sätze, die sie allerdings sehr tief geprägt haben: »Du darfst unserem Glauben und unserer Familie keine Schande machen, und am allerschlimmsten ist es, wenn du Gott Schande machst.« Ein weiterer Satz war: »Dein Wille muß gebrochen werden. Dein Ich muß sterben.«

Mit einem solchen Lebenskonzept hat man natürlich jegliche Freude ausgesperrt. Wenn ein Kind nicht gelobt wird, keine Freude, kein Spiel, keine Bücher und Freunde haben kann, wird es permanent mit Schuldgefühlen konfrontiert. Seine Wahrnehmungen und die Ansprüche der anderen klaffen weit auseinander. Es hat ja ganz andere Wünsche und möchte andere Ziele angehen als die Eltern mit ihm vorhaben. Aus derartig starken Schuldgefühlen, mit denen das Kind jahrelang kämpfen wird, resultieren bei entsprechenden Wesenszügen einerseits Erschöpfungsdepressionen, Zwanghaftigkeiten, Selbstwert- und Identitätsprobleme. Frau Maier ist ein deutliches Beispiel hierfür. Andererseits kann daraus aber auch ein schizoides Verhalten entstehen, das den Eltern vorspielt, gehorsam das tun zu wollen, was sie wünschen: Ein Doppelleben beginnt. Es könnte aber auch zu anarchistischen Ausbrüchen kommen, wenn beim Kind oder jungen Erwachsenen die entsprechende Kraft dazu vorhanden ist.

3. Fallbeispiel Zwanghaftigkeit

Ein zweites Fallbeispiel soll uns die Zwanghaftigkeit eines jungen Mädchens beschreiben.

Bericht über Lydia

Als älteste Tochter war Lydia verantwortlich für die jüngeren Geschwister. Freizeit, Spiele oder Muße gab es im strengen und frommen Elternhaus nicht. Lydia kann sich überhaupt nicht daran erinnern, daß ihre Mutter oder ihr Vater sie jemals in die Arme genommen hätten, daß man gelacht hätte, daß es »entspannt« zugegangen wäre. Durch eine derartig geprägte Atmosphäre im Elternhaus mußte es fast zwangsläufig zur Störung kommen.

Lydia erzählt: »Wenn ich etwas gesagt oder getan habe am Arbeitsplatz, aber auch in der Freizeit, kommen mir immer häufiger Zweifel, ob es richtig war, was ich tat. Es beginnt ein Hin und Her der Gedanken, die dann so lange bohren, bis ich zuletzt wirklich im Zweifel bin, wie es war. Mich lassen dann diese Gedanken nicht mehr los und nehmen einen so großen Raum in mir ein, daß ich am Ende fast nichts mehr anderes denken kann. Eigentlich sind es ganz banale Dinge, und gerade die sind es, die mir Angst machen, weil ich weiß, daß ich bei der nächsten Tätigkeit bestimmt wieder daran hängenbleibe und dieselben Gedanken wieder kommen werden.«

Die Zwanghaftigkeit breitete sich im Laufe der Jahre immer mehr aus, Lydia erlebte sie auch in ihrem Jugendkreis und in ihrer Beziehung zu Jesus Christus.

Es begann eine schwierige seelsorgerlich-therapeutische Arbeit mit Lydia, denn mit der Veränderung ihrer Zwangssymptome mußten sich auch zwangsläufig ihre Beziehungen verändern.

Wie erleben nun diese beiden Menschen ihren Glauben? Und welchen Einfluß hat dieses Erleben auf ihr Gottesbild?

Zunächst können sie Gnade und Vergebung nicht fassen. Alles, was sie darüber hören, blenden sie aus, da ja ihr Bild das eines gerechten und rächenden Gottes ist. »Ich darf ihm keine Schande machen, und daher muß ich immer aufpassen, keinen Fehler zu begehen. Er will sicher nicht, daß ich mich über Anerkennung freue, denn das macht ja stolz. Er will sicher auch nicht, daß ich Bücher habe, denn das ist ein Luxus. Er will sicher auch nicht, daß ich mich freue und mit Freunden ausgehe, denn der Glaube ist etwas Ernstes. Ich habe Angst, Angst vor seiner Strafe. Ich bin ja so schrecklich dumm, so eine schreckliche Sünderin.« Dies war die Aussage einer ratsuchenden Frau. Und bei einem längeren Gespräch zeigte sich dann noch, daß sie eigentlich gelobt werden wollte – gelobt über ihre Selbstanklage.

4. Fallbeispiel Gettosituation

Eine weitere Störung des Glaubenslebens kann sicherlich auch durch die mangelnde Vorbereitung auf die Gesellschaft entstehen.

Bericht über Martin

Der kleine Martin wächst in dörflicher Situation auf. Seine Eltern sind Christen, die neben der Kirche in eine Gemeinschaftsstunde gehen. Die Gemeinschaftsleute gelten aber in der Dorfgemeinde als Randgruppe. Man nennt sie »komische Heilige, Sektierer, Lebensverneiner«. Ganz automatisch werden deren Kinder mit dazu gerechnet, auch wenn sie selbst noch gar keine Glaubensbeziehung zu Jesus Christus haben.

Sie wachsen nicht selten wie im Getto auf. Wo immer sie sich anschließen wollen, werden sie isoliert. Martin möchte in einer Gruppe von Gleichaltrigen mitreden, aber als er dazukommt, schweigen alle. Betroffen steht er da: Wieder einmal alleine gelassen ...

Wenn derartige Probleme nun nicht im Elternhaus aufgefangen werden, kann dies zu außerordentlichen Beziehungsstörungen und Störungen im sozialen Verhalten führen. Es gibt leider viele Fälle, daß Kinder aus solchen Familien dann versuchen, über anarchistische Ausbrüche ihren Weg in die Freiheit zu finden.

5. Fallbeispiel Selbstwertprobleme

Es gibt aber auch Beispiele, wo eine tiefe Resignation die Folge ist. Eine junge Frau beschreibt ihre auf einem derartigen Hintergrund entstandenen Selbstwertprobleme:

Bericht über Susanne

»Ich finde mein Leben von Kindheit an sehr mühsam und kreide es Gott ein Stück weit an, daß er mir so schlechte Startbedingungen gegeben hat. Früher war er die einzige Zuflucht in meinem kindlichen und jugendlichen Leben, der Gott, dem ich mich anvertraut habe. Je mehr ich aber unter meinem Leben gelitten habe und leide und immer mehr den Grund meiner Schwierigkeiten erkenne, kreide ich Gott und einem Teil seiner Leute die Schwierigkeiten an. Mein Gottesbild ist zum größten Teil geprägt von meiner Mutter, die eine kühle, unnahbare Frau war, alle Kleinigkeiten strafte und auf die man sich, wenn es darauf ankam, nicht verlassen konnte.

Einsamkeit macht mir sehr zu schaffen, ich strafe mich dann selber mit Gedanken, unfähig zu sein, gute Freunde zu haben. Überhaupt strafe ich mich innerlich ständig selber, indem ich mir sage, andere sind besser und ich bin kompliziert, langsam, kontaktarm, langweilig. Ich bin eifersüchtig auf Menschen, die meiner Meinung nach beliebter sind, mehr beachtet werden, während ich lediglich eine Randfigur bin oder gar nicht dazu gehöre. Dann schließe ich mich in Gedanken selber aus und leide wieder unter Alleinsein.«

Wie sieht nun bei Susanne der Einfluß der Erziehung auf das Gottesbild aus?

Es entsteht die Neigung zu einem formellen und völlig strukturierten Glauben. Er ist verkarstet, erstarrt, ohne Dynamik. Selten kann es daher zu einer klaren, einschneidenden Begegnung mit Jesus Christus kommen.

Eine weitere Ursache könnte darin liegen, daß eigene unbewältigte Probleme der Eltern nicht offen ausgetragen, ja geradezu fromm bemäntelt werden, z.B. Sexualität, Machthunger, Herrschsucht, Geiz. Der starke Vater greift dann seine eigenen Probleme in der Familie an. Er predigt dagegen, damit er seine eigene Beunruhigung zum Schweigen bringen kann. Aber die sensible Susanne erkennt dies. Natürlich kann sie den Sachverhalt noch nicht verbalisieren, aber tief im Inneren spürt sie, daß es eigentlich die Schwachstellen und Fehler des Vaters sind, die dieser mit ganz besonderer Wachsamkeit in seiner Familie bekämpft.

Was kann in der Psyche eines solchen Kindes passieren? Die Eltern sind nicht transparent und ehrlich – aber man muß ihnen doch gehorsam sein. Anpassung als Lösung dieser inneren Spannung führt dann zu einem gespaltenen Verhalten.

Andererseits könnte es aber auch zu einem Ausbruch kommen, wenn das Kind stark und mutig genug ist, sich gegen die offensichtliche Unehrlichkeit aufzulehnen.

6. Fallbeispiel Angst

Bericht über Frau Schmidt

Die 27jährige Frau Schmidt erzählt aus ihrem Leben, das von einer derartigen Erziehungshaltung geprägt wurde.

Es war ein Leben voller Angst – Angst, Fehler zu machen. Nach einem Fehler mußte sie vor den Eltern hinknien und diese um Verzeihung bitten. Zunächst führte dies zu einer Höchstleistung im Beruf, nicht aber zur Identität.

Dann kam der Ausbruch: viele Männergeschichten, tiefste Depressionen und psychosomatische Beschwerden. Durch eine echte Begegnung mit Jesus Christus veränderte sie auch ihren Lebenswandel, jedoch leidet sie bis heute unter den Folgen dieser Entwicklungsjahre, die für sie prägend waren.

Auf ihr Gottesbild – auch nach der klaren Lebensentscheidung für Jesus Christus – hatte die elterliche Erziehung negativen Einfluß, denn über all ihrem Denken und Handeln stand immer »Ich sollte . . . ich darf nicht . . . ich muß . . . Gott verlangt . . . er fordert und gönnt mir keine Freude.«

Ein solches Leben voller Angst hindert sie auch daran, echte Gemeinschaft zu finden, obwohl sie diese verzweifelt immer wieder in den Gemeinden der Christen sucht, aber durch viel Unverständnis immer wieder zurückfällt in die alte, tiefe Bitterkeit: »Ich bin dann wie blockiert und gelähmt und fühle mich als totaler Außenseiter, ja ich komme mir vor wie von einem anderen Stern. Weil ich mich ihnen nicht mitteilen kann, fühle ich mich entsetzlich unsicher und einsam. Ich weiß, daß ich die anderen mit meiner Ehrlichkeit überfordere, aber die anderen überfordern mich auch mit ihrem schnellen Ratschlag oder ihren Bibelversen.«

Es ist jetzt ein Stück harte Arbeit, mit Frau Schmidt ihren über Jahrzehnte hin entwickelten Lebensstil und ihre falsche Glaubenskonzeption zu überdenken und zu korrigieren. Sie ist augenblicklich in dem Stadium, wo sie zwar alles »im Kopf« begreift, sie kann auch vergeben und vor allem sich vergeben lassen, aber dennoch ist es noch ein weiter Weg, von ihrem destruktiven Lebenskonzept »Ich muß vollkommen sein« freizuwerden und sich einzuräumen, daß sie Fehler machen darf, daß sie sich die Gnade nicht verdienen muß, sondern geschenkt bekommen hat.

In gläubigen Elternhäusern ist auch häufig eine sehr hohe Normenvorgabe zu finden. Das Kind wird dadurch in eine Leistungsüberforderung gedrängt, die zu einem schier unüberwindlichen Konflikt führen kann. »Ich muß es meinen Eltern doch recht machen, ich darf nicht faul sein, Genuß ist Sünde«, sind dann oftmals die Schlüsselsätze oder Lebensmaximen dieser Menschen.

Ein derartig anspruchsvoll-forderndes Verhalten der christlichen Eltern wirkt sich insbesondere auch deshalb auf das Glaubensleben so verheerend aus, weil Gott damit in Verbindung gebracht wird, und »gegen ihn darf man ja nichts sagen«.

Das Kind ist dabei ständig im Kampf, in einer fast permanenten Überforderung. Je nach Kondition wird es die Ziele erreichen und damit auch wieder selbst zu einem »Peitscher« werden – oder es wird als Versager auf der Strecke bleiben.

7. Fallbeispiel Zweifel

Bericht über Frau Emde

Frau Emde erzählt von ihrem frommen, starken und strengen Vater. Er ist Gemeinschaftsmann und »er kann gut reden« (dies betont sie besonders und man bemerkt deutlich ihren Stolz auf den Vater). Er wollte, daß seine Tochter, als sie gerade 19 war, den Weg als Diakonisse gehen sollte. Sie jedoch lernte einen reiferen Mann kennen und heiratete ihn.

Doch die selbst erlebten Erziehungsmuster holen die junge Frau ein. Ständig versucht sie, ihren Mann zu erziehen, ihm »Normen« anzugewöhnen. Die Ehe wird dadurch recht problematisch. Durch das autoritäre Verhalten ihres

Vaters hat sie ein Vaterbild bekommen, das sie ihrem Mann überstülpen möchte. Da dieser nicht so wie ihr Vater werden kann, beginnt ihre Ehe immer mehr zu kriseln. Der Ehemann hält den Vergleichen mit ihrem Vater nicht stand, und so kommen immer mehr Zweifel auf: Bin ich durch meinen Ungehorsam einen falschen Weg gegangen? Hätte ich doch Diakonisse werden sollen? Diese zermürbenden Zweifel über Jahre hinweg stürzen sie in eine akute Depression. Die Labilität ihres Glaubenslebens wird dadurch verstärkt, und sie kann mit ihren Emotionen absolut nicht mehr umgehen. Zweifel und Hochmut lösen sich gleichermaßen ab, Hochmut deshalb, weil sie sich sehr deutlich immer wieder über ihren Mann erhebt und sich von anderen Männern begeistern läßt. Das wiederum löst Suizidgedanken aus, und so hat sich ein wahrer Teufelskreis ergeben.

Auch bei diesem Beispiel wird deutlich, daß Erziehungsmuster das spätere Glaubensleben der Frau bestimmen – und eben nicht »geistliche Anfechtungen« o.ä. In geduldiger seelsorgerlich-therapeutischer Arbeit ist es notwendig, einen späten Ablöseprozeß vom starken Vater anzustreben und vor allem das Bild des gnädigen Gottes von dem des starken, strengen und fordernden Vaters unterscheiden zu lernen.

V. Zusammenfassung und praktische Hilfestellungen

Michael Dieterich

1. Gemeinsamkeiten

Auch für den unvoreingenommenen Zuhörer bei unserem Symposium war es interessant, festzustellen, daß die Referenten – obwohl sie ganz verschiedene therapeutische Schulrichtungen vertreten – zu einer relativ einhelligen Aussage kamen: Es sind bestimmte Erziehungsmuster gläubiger Eltern, Lehrer usw., die einen zwanghaften und enggeführten Glaubensstil vertreten, der mit den biblischen Dimensionen sehr wenig gemeinsam hat. Nicht die Frömmigkeit führt zu seelischen Erkrankungen, sondern eine unangemessene (einseitige, verzerrte, aus dem Zusammenhang gerissene, falsch verstandene usw.) Interpretation der Heiligen Schrift. Auf einen Nenner gebracht, ist es also ein falsches Bibelverständnis der Erzieher, das so weitreichende Konsequenzen nach sich zieht.

Somit gilt es, vorab an der Verkündigung in unseren Gemeinden zu arbeiten. Dabei wäre es nach unseren Erfahrungen falsch, dem Verkündiger die alleinige Schuld zuzuweisen.

Es ist von psychologischer Seite her bekannt, daß viele Menschen im Sinne einer »eindimensionalen Wahrnehmung« nur das von der Predigt aufnehmen, was in ihr Denkmuster paßt. Unter diesen Voraussetzungen kann dann der Prediger reden, worüber er will – es kommt nicht an. Hier wäre es wichtig, die Denkstrukturen des Zuhörenden zu erkennen und ihn dort abzuholen, wo er mitgehen kann.

In aller Regel sind es die Eltern, die in einer viel deutlicheren und stärkeren Form die Glaubensdimensionen in

97

der Familie bestimmen, d.h. auf die Kinder einwirken und ihnen ihre Art des Glaubens überstülpen. Nicht selten zeigen die Eltern selbst Zwangshaltungen, Depressionen oder zeigen andere psychische Störungen – ein »Lernen durch Imitation« ist nahezu unvermeidlich.

Die bessere Fundierung des biblischen Glaubens und eindeutigere pädagogische Prinzipien sind die beiden Zielsetzungen für die Zukunft, um seelische Erkrankungen gläubiger Menschen zu verringern.

Zum theologischen Ansatz sind im Beitrag von C.-D. Stoll wichtige Grundlagen beschrieben worden. Nachfolgend wird der Schwerpunkt auf die pädagogischen Hilfestellungen gelegt.

2. Praktische Konsequenzen für die Erziehung

Um pädagogisches Fehlverhalten bei der Erziehung zum Glauben zu verhindern, sind m.E. zumindest zwei Fähigkeiten notwendig:

Zum einen sollten die Erzieher eine deutlichere Selbstwahrnehmung und Selbstreflexion vornehmen und zum anderen sollten sie in ihrem Erzieherverhalten neue Dimensionen erlernen. An beiden Fertigkeiten kann man, wie nachfolgend beschrieben wird, arbeiten.

Erzieher sollten sich selbst besser kennen und annehmen

Als ich neulich bei einem Gespräch mit Pfarrern, Eltern und Lehrern darauf hinwies, daß es doch recht gefährlich sei, ohne eine Reflexion der eigenen Persönlichkeit bzw. der eigenen Wesenszüge zu predigen, zu lehren oder zu erziehen, erntete ich ungläubiges Erstaunen bis hin zu Vorwürfen der »Arroganz des Psychologen«. Was für einen Psychotherapeuten selbstverständlich ist, kennt man bei Lehrern und Pfarrern, ganz zu schweigen von Eltern, nicht:

Übungen zur Selbst- und Fremdwahrnehmung. Und doch wären sie so wichtig; manches Leid könnte verhindert werden. Wenn der eher »starke« Prediger , der »Machertyp« (im Sinne der weiter vorne gemachten Differenzierung: der »intern Kontrollierte«), weil er diesen Wesenszug an sich erkannt hat und auch entsprechend daran arbeitet, in seiner Predigt immer wieder darauf abhebt, »stille zu sein« und »keine eigenen Wege zu gehen«, kann dies für einen großen Teil seiner (eher extern kontrollierten und evtl. verzagten) Zuhörer geradezu gefährlich werden. Ihnen müßte man eher sagen: »Mach Dich auf!«, »Geh mit deinem Herrn!« oder »Nun aufwärts froh den Blick gewandt und vorwärts fest den Schritt«.

An diesem Beispiel wird eines deutlich: Wenn es darum geht, unseren Kindern (und natürlich auch den Erwachsenen) auf »Augenhöhe« zu begegnen, dann muß man vorab seine eigene »Höhe« erkannt haben.

Beginnen könnte man mit Selbstwahrnehmung im kognitiven Bereich und evtl. hierzu versuchen, die Fragestellungen aus der Individualpsychologie zu beantworten: Wer bin ich? Wer sind die anderen um mich herum? Was tue ich auf dieser Welt?

Derartige Reflexionen führen zu einem tieferen Verständnis der eigenen Persönlichkeit. Diese Fragen sollten allerdings in ihrer ganzen Weite betrachtet werden. Eine ausschließlich theologische Antwort im Sinne von »Ich bin Sünder, der begnadet wurde«, »Die anderen sind meine Freunde und Brüder«, und »Ich bin auf dieser Welt, um Botschafter an Christi Statt zu sein« ist zwar theologisch korrekt, aber für das praktische Erziehungsgeschehen noch nicht genügend reflektiert. Es wäre hierzu wichtig zu fragen: »Wer bin ich: ein eher verinnerlichter oder extrovertierter Mensch, bin ich in meinen Gefühlen eher schwankend oder stabil, bin ich eher ein Praktiker oder Theoretiker, bin ich dominant oder eher zurückhaltend?« usw. Solche Fragestellungen können sehr hilfreich sein, vor allen Dingen deshalb, weil sie nicht unbedingt etikettieren, sondern schlicht und einfach darauf eingehen, daß jeder Mensch anders sein darf als der nächste.

Auch die Frage: »Wer sind die andern um mich her?« müßte dann mit denselben Kriterien überprüft werden: Welche Wesenszüge hat mein Kind bzw. der zu Erziehende? Wie verhält er sich bei den genannten Dimensionen?

Erst wenn die beiden ersten Fragen beantwortet sind, sollte man sich der dritten zuwenden. Ich hielte es für sehr vernünftig, auf die Frage »Was tue ich auf dieser Welt?« nicht nur eine »fromme« Antwort zu geben, sondern vielleicht zu sagen: »Meinem Nächsten auf Augenhöhe begegnen, d.h. ihn nicht zu beherrschen, aber auch nicht unterwürfig zu sein, sondern eben auf seiner Ebene zu stehen.«

Das »Igel«-Prinzip

Neben den Übungen zur Selbst- und Fremdwahrnehmung sind einige erzieherische Prinzipien hilfreich, um eine gesunde Frömmigkeit in ihrer Entwicklung zu fördern.

Immer wieder werde ich gefragt, ob man denn überhaupt etwas dazutun könne, um die Kinder zum Glaubensleben zu führen. Nicht selten herrscht die Meinung vor, daß Glaubensdinge doch nicht verfügbar seien, daß man hierzu nichts oder nur sehr wenig tun könne, daß es allein die Gnade Gottes sei, die bestimmen müsse, ob und wann ein Kind den Weg zu Christus findet.

Ich bin aufgrund meiner langjährigen Erfahrungen anderer Ansicht.

Meines Erachtens ist es möglich, von erzieherischer Seite her einen bedeutsamen Schritt der Vorbereitung zum späteren Glaubensleben zu tun. Gewiß, die persönliche Entscheidung für Jesus Christus kann nicht von den Eltern oder Erziehern übernommen werden. Der Weg dorthin kann jedoch entweder gar nicht, schlecht oder aber qualifiziert vorbereitet werden. Wenn christliche Eltern immer wieder von ihren »ungläubigen Kindern« berichten, für die sie doch so viel gebetet und mit Gott um sie gerungen hätten, dann würde ich nicht selten wagen, die lapidare Antwort zu geben: Hier wäre etwas weniger Gebet und dafür mehr konsequentes Erzieherverhalten zum Glaubensleben hin sinnvoller gewesen.

Eine derartige Aussage mag für manchen Leser im ersten Augenblick schockierend sein, denn sie ist im Grunde genommen mit einer Schuldzuweisung verbunden. Dies ist aber nicht der Sinn meiner Ausführungen. Ich möchte nicht beschuldigen, denn es hat wenig Sinn, auf die Vergangenheit zurückzuschauen und zu grübeln, was man denn im einzelnen falsch gemacht hat. Vernünftiger ist es, nach vorne zu sehen im Sinne von Phil. 3: »Ich vergesse, was dahinten liegt und jage nach dem Ziel . . .« Änderungen in der Vergangenheit sind nicht mehr möglich – wohl aber für die Zukunft.

So gesehen, sollen die Erziehungsprinzipien des sog. »Igel«-Prinzips eine Hilfestellung für die weitere Erziehung sein.

All denjenigen Eltern und Erziehern, die auf den nachfolgend genannten Gebieten Fehler gemacht haben, möchte ich Mut machen, neu anzufangen. Es ist eigentlich nie zu spät für Erziehung. Wenn es nicht mehr die Eltern sind, die maßgebend erzieherisch wirken, dann sind die Gruppe der Gleichaltrigen aufgerufen, die Lehrer, die Pfarrer und Jugendkreisleiter. Für uns alle wäre ein Vorgehen nach dem »Igel«-Prinzip äußerst hilfreich.

Mit »Igel« sind die Anfangsbuchstaben von vier pädagogischen Grundhaltungen gemeint, die hilfreich sind, um auch die Glaubensdimension pädagogisch angemessen zu vermitteln.

I – Intensiv

Es ist bekannt, daß Lehrer, die ihren Stoff sehr intensiv und engagiert, eben von ganzem Herzen, an ihre Schüler weitergeben, damit auch Erfolg haben.

Tatsächlich ist es so, daß auch ausgeklügelte Unterrichtsmethoden, ausgefeilte Zielvorgaben und die besten Medien nicht an die »intensive« Darbietungsweise des Lehrenden heranreichen können.

Wir erleben dies auch im Bereich der religiösen Verkündigung: Evangelisten, Pastoren und Pfarrer, die von ihrer Lehre so überzeugt sind, daß sie sie nahezu »fanatisch« weitergeben, haben oftmals allergrößte Überzeugungskraft.

Bezogen auf das erzieherische Verhalten der Eltern ist also davon auszugehen, daß ein intensiv ausgelebtes, überzeugendes und engagiertes, von ganzem Herzen kommendes Glaubensleben auf die Kinder so wirkt, daß sie selbst an einem derartigen Glauben Interesse haben.

Eltern, die Religiosität, Gemeinschaft und Kirche nur als ein Beiwerk neben vielen anderen Dingen des Lebens sehen, dürfen nicht erwarten, daß ihnen ihre Kinder auf diesem Weg nachfolgen werden.

G – Ganzheitlich

Von der Schule her wissen die meisten Erwachsenen, daß man dort überwiegend Wissensinhalte vermittelt bekommt. Vielleicht ist dies einer der Gründe, warum so wenig aus dieser Zeit zurückbleibt ... Wenn ein Lerngegenstand nicht nur durchdacht, sondern auch »durchfühlt« und dann auch »durchhandelt« wurde, dann ist er in der Regel beim Schüler angekommen.

Ähnlich verhält sich dies auch bei der Vermittlung von Glaubensinhalten. Zumeist werden diese Erkenntnisse nur über die Sprache weitergegeben und deshalb von den Zuhörern auch nur im Bereich ihres Denkens aufgenommen.

Von Kindern wissen wir, daß sie sich oftmals sehr wenig an die Predigt erinnern, jedoch um so mehr an den Klang der Orgel, an den Geruch der Kerzen oder an die farbigen Punkte, die die Sonne durch die Glasfenster auf den Fußboden gemalt hat.

Es gibt aber neben dem deutlich »kopforientierten

Glauben« auch andere Einseitigkeiten: Gemeinden, in denen man überwiegenden Wert auf praktisches Handeln legt, deren Arbeit sich in Aufmärschen, Kochen und Backen, Vorbereiten von Basaren usw. erstreckt.

Bei wieder anderen dominiert das Gefühl sehr deutlich, und die Menschen gehen hauptsächlich dorthin, um diesen Anteil ihrer Persönlichkeit befriedigt zu bekommen.

Jede der drei Glaubenshaltungen hat den Nachteil, daß sie nicht ganzheitlich das Glaubensleben darstellt.

Wenn wir dies in unseren Gemeinden (und natürlich auch in den Familien) erreichen wollen, müßte das bedeuten, daß man im Gottesdienst sowohl denkt als auch fühlt und dann auch handelt. Jede Übergewichtung in einer Richtung ist schädlich.

Bei der Erziehung der Kinder ist es wichtig, daß neben dem Verkündigen des Wortes Gottes auch der gefühlsmäßige und der Handlungsaspekt deutlich beachtet werden. Immer wieder stellen wir fest, daß gerade gläubige Eltern meinen, ihre Aufgabe sei abgeschlossen, wenn sie das Wort gelesen hätten. Es ist wichtig, daß Eltern ihr Christenleben ganzheitlich leben, daß die Kinder merken, daß es auch in den Gefühlsbereich hineindringt und daß auch Handlungen vorliegen.

Für ein Kind könnte es somit eine mutmachende Glaubenserfahrung sein, wenn der Vater – in der täglichen Familienandacht z.B. bei den Geschlechtsregistern angekommen – zu den Kindern sagen würde, daß er diese auch nicht verstehe und man deshalb vielleicht besser ein schönes Lied singen solle . . .

E – Echt

Immer wieder, so haben unsere Fallbeispiele gezeigt, gibt es Glaubensprobleme, wenn die Eltern ein fassadenhaftes Christsein führen. Fassadenhaft bedeutet, daß etwas vorgespielt wird, das in Wahrheit nicht in diesen Menschen aufzufinden ist.

Kinder entdecken, nicht zuletzt an der Körpersprache, daß ihre Eltern Freude heucheln, wo sie eigentlich traurig sind, daß sie lächeln, wo sie eigentlich schimpfen sollten, daß sie mit verkrampftem Gesicht Lieder singen usw.

Es steht in der Heiligen Schrift, daß Christen nicht zurückschlagen, daß sie die zweite Meile mitgehen, daß sie friedfertig sein sollen. Diese Aussagen werden keineswegs in Frage gestellt, sondern nur der Aspekt des Akzeptierens dieser Aufforderungen. Würde ein Vater zu seinem Sohn sagen: »Es fällt mir sehr schwer, hier nicht zurückzuschlagen – aber ich will mich zurückhalten, weil Christus dies auch getan hat«, dann wäre er echt. Wenn er hingegen sagt: »Christus hat mich so weit gebracht, daß ich meine Feinde immer lieben kann, ohne Schwierigkeiten«, dann ist dies für Kinder eine kaum nachzuvollziehende Aussage – sie wirkt unecht.

Mit Echtheit ist nicht gemeint, daß Lehrer, Eltern und Pfarrer alles, was in ihnen vorgeht, auch mitteilen sollten, jedoch müßten sie in vielen Bereichen transparenter werden.

Das unechte Verhalten führt teilweise zu recht bizarren Verhaltensweisen der Kinder, die sich im Laufe ihrer Glaubensentwicklung viel negativer zeigen als im folgenden Beispiel.

In einer Familie sollte nicht ferngesehen werden; die Eltern verboten ihren Kindern, bei Nachbarn vor dem Fernsehgerät zu sitzen.

Als ein Kind von den Nachbarn dennoch eingeladen wurde, eine Fernsehsendung anzusehen, sagte es: »Ich muß stehen bleiben, denn meine Eltern haben mir verboten, vor dem Fernseher zu sitzen. Wenn ich stehen bleibe, kann ich ihnen guten Gewissens sagen, daß ich nicht vor'm Fernseher gesessen bin.«

Eine ebenso deutliche Sprache spricht das Beispiel eines bekannten Pfarrers, der seiner Ehefrau verboten hatte, Schmuckstücke zu kaufen. Da sie dennoch gerne Schmuck trug, bat sie ihre Freundin, ihr doch den Schmuck zu schenken, dann müßte sie nicht sagen, sie hätte ihn gekauft.

Es ist wichtig, daß auf der Ebene des Echtseins Eltern ihren Kindern sagen, wie sie ihr Glaubensleben erleben. Ganz echt und ohne Fassade. Da kann es dann sein, daß die Mutter erzählt, daß sie an diesem Tag keine Zeit (und vielleicht auch keine Lust) hatte zu beten, dies aber dennoch getan hat, weil sie damit Gott ehren wollte. Vielleicht wäre es auch wichtig, daß der Vater, bei der morgendlichen Andacht, in der er üblicherweise ein Kapitel aus der Bibel vorliest, zu seinen Kindern sagt: »Das habe ich heute gar nicht verstanden. Ich glaube, wir wollen einfach da aufhören und an einer Stelle weitermachen, wo wir es wieder verstehen.«

L – Liebevoll

Wir finden bei vielen Christen ein nach außen hin liebevolles Verhalten – nicht selten ist es jedoch unecht. Was ist denn mit liebevoll gemeint? Nicht »keep smiling« oder »immer fröhlich, immer fröhlich, alle Tage Sonnenschein«!

Liebevolles Verhalten bedeutet meines Erachtens, daß man seine Kinder, ob nun als Lehrer, Eltern oder Pfarrer, wertschätzt. Wertschätzen meint, die Kinder so zu sehen, wie sie sind – und nicht, wie sie sein sollen. Dieses Wertschätzen ist natürlich nur dann möglich, wenn man es selbst erfahren hat. Christen wissen, was es bedeutet, ohne Verdienst und Würdigkeit angenommen zu sein.

Die Kinder wertzuschätzen ist eine hilfreiche Dimension, um das spätere Glaubensleben stabil zu machen. Wenn wir als Eltern unseren Kindern nicht mit dieser Form der Liebe begegnen, und dies auch dann, wenn sie Fehler gemacht haben (oder gerade dann), wenn sie gefallen sind, dann werden sie die großen Dimensionen der Gnade und des Glaubens nicht nachvollziehen können.

Zum liebevollen Verhalten gehört auch das einfühlsame Verstehen. Liebe bedeutet nicht, zu allem ja zu sagen, auch nicht, immer zu lächeln, sondern daß man sich tief in das

Denken und Gefühlsleben des Kindes oder des Jugendlichen einfühlt. Tief einfühlen heißt nicht, als Experte aufzutreten, alles besser zu wissen, die Meinung zu sagen usw., sondern im Grunde genommen das auszusprechen, was unsere Kinder noch gar nicht ausformuliert haben.

Wenn wir das »Igel«-Prinzip nun zusammenfassend sehen, könnte man vielleicht fragen, welche der vier Haltungen die wichtigste sei. Die Antwort ist einfach: Sie gehören zusammen. Es besteht eine Interdependenz in dem Sinne, daß das I alleine, das G alleine, das E alleine oder das L alleine, und seien sie noch so stark ausgeprägt, nicht hinreichend sind, um zur richtigen Glaubensdimension zu führen. Alle vier Punkte zusammen ergeben den »Igel«.

GLOSSAR

Affekt/affektiv: intensives, relativ kurz andauerndes Gefühl; Stimmungen, z.B. Begeisterung, Jubel, Zorn,
Schreck, Haß, Trauer . . .; gefühlsbetont, teilweise auch
im Sinne von: durch Affekt bedingt

Borderline/-Syndrom: am Rande, an der Grenze stehend
zwischen Neurose und Psychose; entsprechende Krankheitserscheinungen

Depression, depressiv, Depressivität: Bezeichnung für ein
Bündel von Symptomen: gedrückte, traurige Verstim-
mung, Niedergeschlagenheit (emotional); negatives
Selbstkonzept, Selbstvorwürfe und -beschuldigungen,
Grübeln, Verlust der Konzentration (kognitiv); veränderte (nachlassende oder übertriebene) Aktivität (mo-
torisch); Interesse- und Antriebsverlust, Entschlußunfä-
higkeit (motivational); Schlaflosigkeit, Appetit- und Li-
bidoverlust (vegetativ)

Dissonanz, kognitive: Zwischen dem bisherigen Wissens-
stand einer Person und einer neuen Information besteht
ein Unterschied. Dies führt zu kognitiven Dissonanzen.
Die Theorie der kognitiven Dissonanz geht davon aus,
daß bevorzugte Informationen ausgewählt werden, die
eine getroffene Entscheidung als richtig erscheinen lassen, während gegenteilige Informationen abgelehnt
oder nicht beachtet werden.

endogen: aus dem Körper selbst, nicht durch äußere Ein-
flüsse entstanden

extrinsisch: von außen her, aus äußerem Antrieb

hysterisch: besonders leicht beeindruckbar, auf Belastung
rasch, aber ohne Ausdauer, übertrieben ausdrucksvoll
reagierend

Individualpsychologie: Von Alfred Adler begründete Richtung der Tiefenpsychologie und Psychotherapie, die den
Menschen von seinen Lebenszielen her zu verstehen
versucht.

Infantilismus/infantil: Kindlichkeit, ein Stehenbleiben auf kindlicher Entwicklungsstufe in körperlicher und seelischer Hinsicht

intrinsisch: innerlich

Kognition/Kognitionspsychologie/kognitiv: Bezeichnung für alle Vorgänge, die mit dem Erkennen und Gewahrwerden zu tun haben: Wahrnehmung, Gedächtnis, Denken, Lernen, Intelligenz; Sachgebiet der Psychologie, das sich mit den Prozessen und Ergebnissen der Kognition beschäftigt; erkenntnismäßig, auf die Erkenntnis bezogen

konditionieren/Konditionierung: Verbinden zweier Sachverhalte, die bisher nichts miteinander zu tun hatten; ein wichtiger Begriff im Blick auf das Lernen bzw. Verlernen von Verhaltensweisen

Narzißmus/narzißtisch: Insichselbstverliebtsein, Selbstliebe; nach Freud wird dabei das eigene Ich zum »Sexualobjekt«

Neurose: Eine seelische Störung, deren Ursache nicht unbedingt biologisch begründbar ist. Aus psycholanalytischer Sicht ist eine N. ein unbewußter Widerstand, ein unbewußter Konflikt zwischen triebhaften und sozialen Impulsen; aus verhaltenstherapeutischer Sicht stellen N. gelernte Fehlsteuerungen dar, die aber wieder »verlernt« werden können.

Paradigma: Ein System von Regeln und Zusammenhängen, das beispielsweise eine psychologische oder pädagogische Schule bestimmt.

Peer-group: Gruppe der Gleichaltrigen

Physiologie/physiologisch: Naturlehre, Lehre vom Körpergeschehen, von den Lebensvorgängen und -gesetzlichkeiten, speziell z.B. die Lehre von den Funktionen der einzelnen Organe, etwa Sinnesphysiologie

Prophylaxe/prophylaktisch: Vorbeugung, vorbeugende Maßnahme/vorbeugend

Psychoanalyse: »Seelenzergliederung«, ein von Breuer und Freud Ende des 19. Jahrhunderts geschaffenes Verfahren zur Heilung seelisch bedingter Erkrankungen, das davon ausgeht, daß das seelische Leben vom Unbewußten beherrscht wird. Das Unbewußte wird aufgefaßt als ein seelisches Reich mit eigenen, vor allem sexuellen Wünschen, Ausdrucksformen und Mechanismen. Für Freud stellt der Traum einen entscheidenden Weg zum Unbewußten dar.

Psychose: Geisteskrankheit, seelische Krankheit; Beeinträchtigung bis Aufhebung des normalen und zweckmäßigen Seelenlebens

schizoid: der Schizophrenie ähnlich; Bezeichnung für abnorme Persönlichkeiten, die in ihrer seelischen Eigenart zwischen gesunden (schizothymen) und kranken (schizophrenen) Persönlichkeiten stehen. Schizoide Personen zeigen Symptome der Schizophrenie in leichten Graden, z.B. Kontaktschwäche, starkes Mißtrauen. Schizophrenie ist eine Bezeichnung für eine Gruppe von z.T. schwer unterscheidbaren extremen Verhaltensstörungen.

somatisch: körperlich, auf den Körper bezogen, im Gegensatz zu psychisch (griechisch soma: »Körper«)

Michael
Dieterich
**Handbuch
Psychologie
und
Seelsorge**
384 Seiten
Format 15x22cm
gebunden
Bestellnummer
224607

Das Handbuch Psychologie und Seelsorge ist die erste sy-
stematische Einführung in das Gebiet der »biblisch-therapeutischen Seelsorge«. Es ist zugleich das erste Handbuch
im deutschsprachigen Raum, das Erkenntnisse aus der
modernen Psychologie und Therapie so darstellt, daß sie
zum einen dem biblischen Weltbild verpflichtet sind, zum
anderen aber auch dem gegenwärtigen Stand der Fachwis-
senschaften voll entsprechen.
Besonderer Wert wird auf die praxisnahe und praxisge-
rechte Darstellung gelegt, denn das Buch richtet sich auch
an Leser ohne fachwissenschaftliche Vorkenntnisse, für die
es ein unmittelbar zugängliches Kompendium sein will.

R. BROCKHAUS VERLAG WUPPERTAL UND ZÜRICH

Michael Dieterich / Alfred I. Gerster
Einen Moment, bitte!
Denkanstöße für Zeitgenossen

88 Seiten, mit ca. 12 Zeichnungen von
Eva Maria Jäger, Format 11x18,2cm,
gebunden, Bestellnummer 224630

Ein Geschenkbuch, besonders für Menschen, die im Beruf
voll in Anspruch genommen sind, die kaum Zeit haben,
die ihre Lebensziele definiert haben und auf dem Weg
dorthin zu größtem Einsatz bereit sind.
Kurze Texte und darauf abgestimmte Zeichnungen ziehen
den Leser ins Gespräch, regen zum Innehalten und Nachdenken an – über das eigene Verhalten in normalen wie
auch kritischen Situationen.
Hilfreiche Erkenntnisse aus der Psychologie, verbunden
mit praktischen Tips für den beruflichen Alltag, in Beziehung gestellt zu einem Satz aus der Bibel, fordern den Leser auf, seinen Umgang mit den Mitarbeitern, aber auch
mit sich selbst kritisch unter die Lupe zu nehmen, einge-
fleischte Verhaltensweisen in Frage zu stellen, eingefahre-
ne Gleise zu verlassen und beispielsweise das Experiment
zu wagen, Gefühle zu zeigen, aktiv zuzuhören, Selbstge-
spräche zu belauschen, auf »Killerphrasen« zu verzichten,
Zeit als ein Geschenk zu betrachten.

Prof. Dr. Michael Dieterich ist Erziehungswissenschaftler
und Psychotherapeut. Alfred I. Gerster war bis 1988 Stadt-
schreiber (Chef der Stadtkanzlei) von Zürich.

R. BROCKHAUS VERLAG WUPPERTAL UND ZÜRICH